投资大师操盘术系列

BIDE LINQI

CAOPANSHU

彼得·林奇操盘术

股市英雄 选股天使 实地调查 急流勇退

赵信 著

股市有风险
入市需谨慎

经济管理出版社
ECONOMY & MANAGEMENT PUBLISHING HOUSE

图书在版编目（CIP）数据

彼得·林奇操盘术/赵信著. —北京：经济管理出版社，2017.1
ISBN 978-7-5096-4737-0

Ⅰ.①彼… Ⅱ.①赵… Ⅲ.①彼得·林奇—投资—经验 Ⅳ.①F837.124.8

中国版本图书馆 CIP 数据核字（2016）第 289553 号

组稿编辑：勇　生
责任编辑：勇　生　王　聪
责任印制：黄章平
责任校对：雨　千

出版发行：经济管理出版社
　　　　　（北京市海淀区北蜂窝 8 号中雅大厦 A 座 11 层　100038)
网　　址：www. E-mp. com. cn
电　　话：(010) 51915602
印　　刷：北京晨旭印刷厂
经　　销：新华书店
开　　本：720mm×1000mm/16
印　　张：13
字　　数：168 千字
版　　次：2017 年 1 月第 1 版　2017 年 1 月第 1 次印刷
书　　号：ISBN 978-7-5096-4737-0
定　　价：38.00 元

如果说巴菲特是神坛中的偶像，那么彼得·林奇就是平民中的英雄，更加容易被普通投资大众所接受。

　　在人们的眼中，他就是财富的化身，他说的话是所有股民的宝典，他手上的基金是有史以来最赚钱的，如果你在 1977 年投资 100 美元该基金，在 1990 年取出，13 年时间已变为 2739 美元，增值 26.39 倍。

　　巴菲特和林奇是现代社会最伟大的两位投资家。连同索罗斯一起，我想用"天才"这个词形容他们。但是，"如果让我选择谁是最完美无缺的，整体来看，我只会选彼得·林奇。他的人品可称第一，他就像希腊神话中的大力神，在华尔街是个'神'级人物。还有一点让我钦佩的是，他知道什么时候退出，回归家庭"。

　　　　　　　　　　　　　　　　——投资大师　纽伯格

人物简介

彼得·林奇是国际上有史以来最成功的基金经理之一，被称为"历史上最传奇的基金经理人"，又是"全球最佳选股者"。1977年掌管富达麦哲伦基金，13年资产从1800万美元增加到140亿美元，每年增长率达到29%。他曾被美国《时代》周刊称为"第一理财家"。《幸福》杂志则称誉其是股市中一位超级投资巨星。与巴菲特、索罗斯齐名，被誉为"股票之圣"、"股票天使"。

林奇成功的关键是：发现具有持续盈利、不断成长、兼具价值的快速增长型公司，即快速增长型公司的特点是规模小，年增长率为20%~25%，有活力，公司比较新。

林奇操作风格：中长线投资。

林奇操盘的哲学：

（1）购买股票的最佳时段是在股市崩溃或股价出现暴跌的时候。

（2）价值投资的精髓在于，在质优价低的个股内价值在足够长的时间里总会体现在股价上，运用这种特性，使本金稳定地复利增长。

（3）在股市赔钱的原因之一，就是一开始便研究经济情况，这些观点直接把投资者引入死角。

（4）投资具有潜力并没有被市场留意的公司，长线持有，利用复式滚存稳步增长。

彼得·林奇操盘法则

我根本不相信能够预测市场，我只相信购买卓越公司的股票，特别是那些被低估而且没有被市场正确认识的卓越公司的股票是唯一投资成功之道。

那些让我赚到大钱的大牛股往往出乎我的意料之外，公司被收购而大涨的股票更是出乎我的意料之外，但要获得很高的投资回报需要耐心持有股票好几年而不是只持有几个月。

股票只是表象，上市公司才是实质，你要做的，就是搞清楚企业状况。

你了解的细节越多，你对公司的分析就越透彻。

购买你所熟悉的公司的股票，例如 L'eggs 长袜或者 Dunkin's Donuts 甜甜圈公司的股票，其最大的好处在于，当你试穿丝袜或者品尝咖啡时，你就等于是在做基本面分析，华尔街高薪聘请的证券分析师所做的工作与此类似。

想赚钱的最好方法，就是将钱投入一家成长中小公司，这家公司近几年内一直都盈利，而且将不断地成长。

一般消息来源者所讲的与他实际知道的有很大的差异，因此，在对投资方向作出选择之前，一定深入了解并考察公司，做到有的放矢。

投资人不必坚持投资拥有神奇管理系统并处在激烈竞争环境中顶

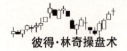
尖公司的股票，只要选择经营成效还不错、股价低的股票，一样可以赚钱。

在股市赔钱的原因之一，就是一开始便研究经济情况，这些观点直接把投资人引入死角。

购买股票的最佳时段是在股市崩溃或股价出现暴跌的时候。

试图跟随市场节奏，你会发现自己总是在市场即将反转时退出市场，而在市场升到顶部时介入市场。人们会认为碰到这样的事是因为自己不走运，实际上，这只是因为他们想入非非。没有人能够比市场精明，人们还认为，在股市大跌或回调时投资股票是很危险的。其实此时只有卖股才是危险的，他们忘记了另一种危险，踏空的危险，即在股市飞涨的时候手中没有股票。

这个简单的道理，股票价格与公司盈利能力直接相关，经常被忽视，甚至老练的投资人也视而不见。观看行情接收器的人开始认为股票价格有其自身的运动规律，他们跟随价格的涨落，研究交易模式，把价格波动绘成图形，在本应关注公司收益时，他们却试图理解市场在做什么。如果收益高，股价注定要涨，可能不会马上就涨，但终究会涨。而如果收益下降，可以肯定股价一定会跌。

我不能说我有先见之明，知道股灾将要降临。市场过分高估，早已有潜在千点暴跌的祸根，事后来看，这是多么明显。但我当时没有发现，我当时全部满仓，手里几乎没有现金；对市场周期的这种认识相当于对股东的背叛。

关注一定数量的企业，并把自己的交易限制在这些股票上面，是一种很好的策略。每买进一种股票，你应当对这个行业以及该公司在其中的地位有所了解，对它在经济萧条时的应对、影响收益的因素都要有所了解。

避开热门行业的热门股票。最好的公司也会有不景气的时候，增

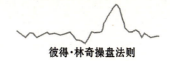

长停滞的行业里有大赢家。

  当你持有好公司股票时，时间站在你这一边，你要有耐心——即使你在头 5 年中错过了沃尔玛特股票，但在下一个 5 年它仍是大赢家。

序言　选股天使——彼得·林奇

彼得·林奇是美国乃至世界历史上最伟大的投资专家之一。他对共同基金的贡献，就像迈克尔·乔丹之于篮球，伊莎多拉·邓肯之于现代舞蹈。他于1977~1990年在麦哲伦公司担任总经理，在短短的13年中，使该公司的资产从2000万美元剧增到140亿美元，年平均复利报酬率高达29%，并使该基金成为世界上最成功的基金之一。他把基金管理提升到一个新的境界，将选股变成了一门艺术。

当前那些著名的投资者中，彼得·林奇的名声几乎无人能敌。这不仅在于他的投资方式成功通过了实践的检验，而且他坚定地认为，个人投资者在运用他的投资方法时，较华尔街和大户投资者更具独特优势，因为个人投资者不受政府政策及短期行为的影响，其方法运用更加灵活。

林奇在富达基金管理公司总结出了自己的投资原则，并且在管理富达的麦哲伦基金中逐渐享誉盛名。自他1977开始管理这只基金到1990年退休，该基金一直位居排名最高的股票型基金行列。

林奇出生于1944年，1968年毕业于宾夕法尼亚大学沃顿商学院，取得MBA学位；1969年进入富达管理研究公司成为研究员，1977年成为麦哲伦基金的基金经理人。

在1977~1990年林奇担任麦哲伦基金经理人职务的13年间，该基金的管理资产由2000万美元成长至140亿美元，基金投资人超过100

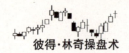

万人，成为富达的旗舰基金，并且是当时全球资产管理金额最大的基金，其投资绩效也名列第一。13 年间的年平均复利报酬率达 29%，总收益率高达 27 倍，创下了有史以来基金最高业绩的神话。也就是说1977 年投资人若投资 1 万美元在麦哲伦基金，到 1990 年可得到 28 万美元！

其实，林奇正式管理麦哲伦基金最初的 4 年里，由于市场萧条且业绩欠佳，麦哲伦基金被迫封闭不再接受新的客户。在封闭的 4 年中，麦哲伦基金仍被客户继续赎回，最高达到总规模的 1/3。人们会发现，林奇在接管麦哲伦基金开始 4 年里换手率非常之高，第一年为 343%，随后 3 年也均高于 300%，这也是因为其规模不断缩小，基金经理不得不卖掉现有股票以换取现金头寸来支付赎回或购买新的股票。虽然基础薄弱，但林奇在这 4 年中使合并后的麦哲伦基金实现了 100% 的净值增长。

1981 年中期，麦哲伦基金合并了富达旗下的另一只经营不善的小型基金——Salem 基金，并再度向新客户开放。虽然申购费率一度从2% 提高至 3%，但还是有大量投资者涌入麦哲伦基金。

1983 年，麦哲伦基金的规模突破了 10 亿美元。1985 年，麦哲伦基金规模相当于当年哥斯达黎加的国民生产总值。1990 年，林奇正式卸任麦哲伦基金基金经理职位，在他管理该基金的 13 年（1977~1990年）中，年均复利收益率达 29%，基金净值累计升值 2700%。

彼得·林奇也由此成为美国纽约华尔街家喻户晓的人物。由于其骄人的业绩，被美国《时代》杂志称为"第一理财家"，更有人赞誉其为"全球最佳选股者"。

1989 年的一天，麦哲伦基金管理人彼得·林奇接到一个电话："我是奥马哈的沃伦·巴菲特，我非常喜欢你的书。"究竟是什么书能让"股神"巴菲特喜欢到非得要给作者打电话致意呢？关键是，这位林奇

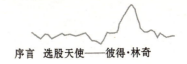

也是一个百年难遇的股市奇才。

有人这样生动地形容世界三大著名的投资大师：巴菲特太完美，索罗斯太狡黠，林奇则和蔼可亲。的确，并不像华尔街许多投资家的身上被罩上了层层神秘光环那样，林奇会不厌其烦地回答任何一个投资者提出的每一个问题。特别是从麦哲伦基金主管位置退休后，林奇将大量时间花在了投资经验的总结与集纳之上。

目前，林奇出版了《在华尔街力争上游》、《战胜华尔街》、《彼得·林奇的成功投资》、《学以致富》等系列个人著作。其中《战胜华尔街》一书被誉为"全美第一号畅销书"，《彼得·林奇的成功投资》被《纽约时报》评为最佳畅销书。而在这些书里，他们就像同一个久违的朋友聊天一样娓娓道来，林奇将自己投资成功的密码毫无保留地奉送给他人。

尽管林奇自己经营了 1400 多种股票，但他告诫投资者拥有股票就像养孩子一样——不要养得太多而管不过来。业余选股者大约有时间跟踪 8~12 家公司，在有条件买卖股票时，同一时间的投资组合不要超过 5 家公司。

同时，林奇特别提醒投资者，要将注意力集中在公司而不是股票上。每买进一种股票，投资者都应当对这个行业以及该公司在其中的地位有所了解，对它在经济萧条时的应对、影响收益的因素都要有所把握。在此基础上，再将自己的交易限制在目标企业的股票上面。

避开热门行业里的热门股票是林奇对投资者反复发出的忠告，相反，那些被冷落、不再增长的行业里的好公司则是林奇提醒投资者应当重点关注的板块。

如何选择恰当的时机买进和卖出股票，林奇同样公布了自己的主张。他认为投资的关键在于抓住转折点，不能仅仅因为某种股票价格下降就购买。投资的唯一依据是根据公司的真正价值而不是根据最近

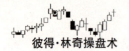

的股市行情作出判断。在林奇看来，在一家公司财务状况好转前的一瞬间进行投资，等到转折真正开始，再增加投资，无疑是最佳的选择。

林奇提示投资者，在评价股票的价值时应对资产评估和公司盈利能力评估两方面给予足够的关注。资产评估在一个公司资产重组过程中具有非常重要的指导意义；盈利能力评估主要度量企业未来获取收益的能力。期望收益越高，公司价值就越大，盈利能力的增强，即意味着公司股票价格具备在未来上扬的可能性。

尽管林奇在自己的股票交易过程中创造了罕见的高换手率，但他仍提醒投资者如果投资的股票业绩优良，大可以持五年十年不变。他说："我投资组合最好的公司往往是购股三五年才利润大增而不在三五个星期之后。"

彼得·林奇是个投资奇才，作为一个著名的基金管理人，他的思维更现代、投资技巧更新颖复杂，但在骨子里他依然是与格雷厄姆、巴菲特一脉相承的基本面分析派。

彼得·林奇是新一派的以价值为中心的投资大师，他继承了价值论的最精髓部分，但又不拘泥于此，他充分享受成长股带来的巨大收益，但又不沉醉于股价之中。他的许多投资思路和策略显然可以供我们借鉴。林奇投资思路开阔，在选股时不受行业的限制，也不在乎市场的循环周期，只要该股票确实具有投资价值（这种投资价值必须是调查研究的结果），就会果断地进行投资。

彼得·林奇的另一个伟大之处在于，在其卸任麦哲伦基金经理职位之后，毫无保留地将其成功投资理念和方略通过著书立说和演讲向普通投资者广为传播，告诉人们投资并不像想象得那么复杂，任何一个普通投资者通过留心观察生活再做一些认真的调研都可以战胜华尔街上的所谓专家。在某种程度上，他的意义不在于从方法上授之以渔，而是给予个人投资者以信心和信念。

彼得·林奇强调个人投资者的优势，告诫个人投资者千万不要相信任何投资专家的投资建议；重视股票的载体——企业，以及对其深入调研，认为日常生活的环境是发现"10倍股"的最佳场所；对企业的股票进行分类：缓慢增长型、稳定增长型、快速增长型、周期型、困境反转型以及资产富裕型，并分析了各自的特点，提出相应的投资策略；非常看重公司的报表，提出了报表中最应重视的指标：市盈率、市盈率增长比率、产权比率、每股收益增长率、净现金、存货及现金流量；总结出自己喜欢的股票类型；坚持长期投资，科学构建投资组合；告诫投资者"四个不要"，哪些公司的股票应该远离，哪些错误认识应该改变，哪些品质应该具有。

彼得·林奇的这些方法策略非常实用，特别对个人投资者很有借鉴意义。

本书编者、《彼得·林奇操盘术》的实战应用者擅长资金管控、筛选翻倍股票、道氏波浪技术、位置价格技术，以中长线翻倍股票项目为主。作者QQ：963613995，手机：15201402522。

目　录

彼得·林奇通常被别人邀请去发表演讲，每次都有很多的听众。每当演讲完了以后，在自由提问的时间当中，总是有人问彼得·林奇股票的行情，或者当前的股票旺市是否能持续保持向前发展。针对这些问题，彼得·林奇总结出来的关于股市预测的"鸡尾酒会"理论，可以说深得人情事理的精妙。在其投资生涯当中，还总结出这种类似的股票投资理论。

彼得·林奇投资思路很开阔，在选股的时候不受行业的限制，也不在乎市场的循环周期，只要该股票的确具有投资价值（此投资价值必须是调查研究的结果），便会果断地进行投资。彼得·林奇操作股票主要有 7 个步骤：选择目标企业、收集调研资料、评估内在价值、分析市场价格、确定买入时机、分配投资比例以及确定持有期限。

第三章　彼得·林奇操作股票的盈利法则 ·························· **057**

彼得·林奇的成功关键就是，找到了能够上涨的 10 倍股。他在他的自传中谈及一只能涨 10 倍的股票（Tenbagger）的意义："在规模较小的投资组合中，即便只有一只股票表现突出，也能够把一个赔钱的资产组合转变为一个赚钱的资产组合。"彼得·林奇主要有这些盈利方法：抓住中小型的成长型公司；从冷门股中掘金；寻找那种拥有利基的公司；挖掘公司隐蔽性资产。

第四章　彼得·林奇操作股票的规则 ·························· **085**

彼得·林奇就是一个善于挖掘"业绩"的投资大师。也就是说每只股票的选择均建立在对公司成长前景的良好希望上。这个希望来自于公司的"业绩"——公司计划做什么或是准备做什么，来达到所希望的结果。彼得·林奇不提倡将投资者局限于某一类型的股票。其"业绩"方式，相反则是鼓励投资于那些有多种理由能达到很好预期的公司。往往他倾向于一些小型的、适度迅速成长的、定价合理的公司。操作之前必须进行研究。彼得·林奇发现大多数人买股票只凭着预感或是小道消息，而不作出任何研究。这种投资者往往把大量时间耗费在寻找市场上谁是最好的咖啡生产商，接下来在纸上计算谁的股票价格最便宜。

第五章　彼得·林奇操作股票的策略 ·················· **109**

在彼得·林奇看来，不同类型的公司股票都有机会，关键是要看市场处于什么样的阶段。他认为，可以投资的公司有 6 种类型，它们分别是缓慢增长型公司、稳定增长型公司、快速增长型公司、周期型公司、隐蔽资产型公司以及困境反转型公司。这 6 类公司都能够为投资者创造利润，同时又为对风险和收益有不同偏好的投资者提供了可供选择的余地。彼得·林奇强调，首先分析确定公司股票的类型，对不一样的类型采用不一样的操作策略。

第六章　彼得·林奇的基本面分析方法 ·················· **131**

彼得·林奇是基本面分析代表人物之一，他的选股切入点严格地遵照自下而上的基本面分析，即集中关注投资者自己所了解的股票，应用基本分析法以更全面地理解公司行

为，这些基础分析则包括：充分了解公司自身的经营现状、前景与竞争环境，以及该股票是否以合理的价格买入。

第七章　彼得·林奇的建议和忠告 ·························· **161**

彼得·林奇认为股市的运行是客观存在的，不以投资者的主观意志为转移，投资者唯一能够做到的就是适应股市，弄清股市，之后形成适合自己的操作法则，根据自己的操作法则去做就行了，但不要执着于多空，更不要执着于自己的多空想法，将所有一切都抛开，只留下适合自己的操作法则就行了。彼得·林奇为投资者给出一些建议与忠告。

第一章　彼得·林奇操作理论

彼得·林奇通常被别人邀请去发表演讲，每次都有很多的听众。每当演讲完了以后，在自由提问的时间当中，总是有人问彼得·林奇股票的行情，或者当前的股票旺市是否能持续保持向前发展。针对这些问题，彼得·林奇总结出来的关于股市预测的"鸡尾酒会"理论，可以说深得人情事理的精妙。在其投资生涯当中，还总结出这种类似的股票投资理论。

一、"鸡尾酒会"理论

彼得·林奇是一个著名的投资大师，他通常被别人邀请去发表演讲，每次都有很多的听众。每当演讲完了以后，在自由提问的时间当中，总是有人问彼得·林奇股票的行情，或者当前的股票旺市是否能持续保持向前发展。针对这些问题，彼得·林奇总结出来的关于股市预测的"鸡尾酒会"理论，可以说深得人情事理的精妙。彼得·林奇出任麦哲伦公司总经理之后，通常在家里举行鸡尾酒会招待客人。他发现了一种非常奇特的股市周期规律。这个周期规律分成四个阶段。

第一阶段：在酒会中若有人慢慢地走过来，问林奇从事什么职业，而他答道："我从事共同基金的管理工作。"来人会客气地点一下头，然后转身离去。即使他没有走，他也会快速地转移话题。过一会儿，

他会与身边的一个牙科医生说说牙床充血什么的。当有 10 个人都愿意与牙医聊聊牙齿保健，而不愿意与管理共同基金的人谈股票时，股市将可能上涨。

第二阶段：在林奇向搭讪者说明自己的职业之后，来人可能与他交谈得长一点，聊一点股票风险等。这段时间里大家仍然不大愿意谈股票，这时股市已经从前述第一阶段上涨了，但却没有人对此加以重视。

第三阶段：股市已经大幅上涨了，此时多数的鸡尾酒会参加者都不再理睬牙医，整个晚会都围着林奇转。不断有人拉他到一边，向他询问应该买什么股票，就连那位牙医也向他提出了这种问题，参加酒会的人高兴地议论着股市上已经出现的种种情况。

第四阶段：酒会中，人们又围在林奇身边，这次是他们建议林奇应该买什么股票，并向他推荐三四种股票。之后几天，林奇在报纸上按图索骥，发现他们所推荐的股票早已涨过了。此时股市已到了巅峰，下跌阶段将要来临。

著名而经典的"鸡尾酒会"理论，直到今时今日仍然流传。而其一直倡导的以价值投资为根基的实用投资策略也成为其成功的秘诀。

林奇认为，没有人能够预测利率、经济或者股市未来的走向，抛开这样的预测，注意观察你已投资的公司到底在发生什么事情。

林奇还指出：每个人都有头脑在股市赚钱，然而并不是每个人都有这样的魄力。尽管 20 世纪 80~90 年代美国基金业发展非常之快，但能战胜大盘的基金却不足 10%。因此林奇的话就更加掷地有声。在充满震荡和陷阱的股市，林奇尤其强调一种大局观，也就是对股市基本走势的把握和信心。他认为坚持信念与选择股票，后者的成功必依靠前者。作为成功的基金经理人，林奇所管理的资产逐渐庞大，面临巨大的压力，舆论对其是否能保持优异业绩的质疑更是刺激了林奇的挑

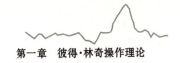

战欲望，林奇回应的策略是进攻性的——不断地寻找更好的股票来换掉自己已经选中的股票。

所以，投资者不要理睬股评人士大胆的最新预测。出售股票是因为该公司的基本面变坏，并非因为天要塌下来。

巴菲特曾经说过："投资界偶尔会爆发恐惧和贪婪这两种传染性极强的灾难。这些流行病的发生时间难以预料，而且由于它们引起市场错乱，无论是持续时间还是传染程度都难以预测。因此，我们永远预料不到灾难的降临或离去。我们的目标很简单：在别人贪婪的时候恐惧，在别人恐惧的时候贪婪。"

无论是巴菲特的"在别人贪婪的时候恐惧，在别人恐惧的时候贪婪"，还是彼得·林奇"鸡尾酒会"理论都告诉我们，投资过程中许多时候应该多一点点逆向思维。

美国投资分析家尼尔的逆向思维投资理论提出了"大多数人一致的看法往往是错误的"观点，因为当一种观点被多数市场参与者接受后，它常会走向极端，以多数人进行操作发生错误的可能性因此增加。尼尔认为：当市场上群体的观点、认识、方法思维趋向一致的时候，应采取反向操作。因为当所有人想的一样时，可能每个人都错了。

1929 年美国股市大崩盘，当时无数投资者一夜破产，包括巴菲特的老师格雷厄姆也惨遭滑铁卢，但有一位叫巴鲁克的人却占尽先机，在崩盘前的一刻全部抛售离场。据说促使他这么做的原因是，崩盘前一天他在路边让人擦鞋，那位擦鞋小孩对着他吹嘘自己投资股票买卖赚了不少钱，还愿意向巴鲁克无偿分享自己的投资经验。等鞋子擦完，巴鲁克回到办公室就把股票全线抛出，躲过一劫。巴鲁克当时考虑的是，连擦鞋小孩的钱都进入股市了，这时难道还能找到新的股民和新的进场资金吗？

逆向思维只是一种思维方式，而不是一种预测系统。也就是说，

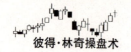

运用逆向思维时一定要注意时机，而时机往往是很难掌握的。"牛市不言顶"和"熊市不言底"等谚语都在说明即使股价绝对高估或低估，我们都不能轻言马上要发生转折。更多的时候，我们知道大趋势将发生变化，但不知道何时转折，而由于"不知道"产生了把握上的偏差可能对投资决策造成很严重的伤害。

在股市里抄底是高难度行为，因下跌趋势仍未改变，而何时趋势反转存在很大不确定性，不确定性意味着高风险，高风险而回报不明朗，风险回报不对称，故只宜小注怡情。在熊市里投资者要学会忍耐、忍耐、再忍耐！投资取胜之道就在于形势好时要抓住机遇大赚一笔，形势不好时则应韬光养晦，敛劲憋气苦修内功，避开亏大钱的机会！

二、梭哈扑克游戏理论

林奇在他的《成功投资》中这样叙述的：我听说过在我的亲戚中唯一一个购买过股票的人是我的外祖父吉恩·格里芬（Gene Griffin），那次他购买的是城市服务公司（Cities Service）的股票。外祖父是一个非常保守的投资者，他之所以选择公众服务公司的股票是因为他以为这是一家供应自来水的公用事业公司，后来他去纽约旅行时却发现这家公司原来竟是一家石油公司，于是马上就把股票卖掉了，可是从他卖出股票以后，城市服务公司的股价上涨了 50 倍。

20 世纪 50 年代直到进入 60 年代，全美国仍然弥漫着一股对股市根本不信任的态度，尽管在此期间股市先是上涨了 3 倍，后来又上涨了 2 倍。我的童年时期，而不是现在的 20 世纪 80 年代，才真正是美国历史上最强劲的大牛市时期。可是当时你要是听到舅舅们谈论股市的话，你会把股市想象成在赌博大厅进行掷骰子的赌博游戏。"千万不要与股市沾边，"人们告诫我说，"股市风险太大了，会让你输个精光。"

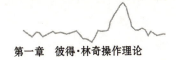

最后林奇总结道："实际上，股票市场通常会让我联想到的就是梭哈扑克游戏。"

梭哈的玩法则是：发牌时有 4 张牌面向上，如此一来你不仅能看到自己所有的牌，还能够看到你的对手的大多数牌。发完第 3 张或者第 4 张牌的时候，要么很明显的是谁输谁赢已见分晓，要么很明显的是根本没有人能赢。华尔街股市上的情况也是这样的。

林奇认为，根本没有办法能将股票投资与赌博完全区分开来，我们没有办法将投资归纳到一个纯粹的能够让我们感到安全可靠的活动类别当中。安全谨慎的投资对象与轻率鲁莽的投资对象之间并没有绝对明确的分界线。一旦我们接受货币本身具有风险这一让人不安的事实，我们才可以真正地区分出究竟什么是赌博什么是投资。在区分的时候不应该按参与者的行为类型（譬如债券、股票、赌马等），而应按参与者的技巧、投入的程度以及事业心。对于一个经验丰富的赌马者而言，假如他能严格地遵守一定的系统方法进行下注，那么赌马也能为他提供一个相对安全的长期收益，这种赌马的行为对他来说与持有共同基金或者通用电气的股票并没有什么区别。对于那些草率并且容易冲动的股票投资者来说，到处打听热门消息并频繁地买进卖出，跟赌马时只按赛马的鬃毛是不是漂亮，或者骑士的衣衫是不是华丽便草率地下注根本没有区别。

他强调，投资只不过是一种能想方设法提高胜算率的赌博而已。对于那些懂得怎样运用好手中的牌的老手来说，玩七张牌梭哈赌博就可以获得一个长期稳定的回报。

只要你懂得如何寻找，你会发现像牌桌上摊开的明牌那样，华尔街上很多信息也都是公开透明的。

通过了解公司的一些基本状况，你就能够知道哪些公司有可能会迅速增长，哪些公司却不可能这样。你永远难以确定将要发生什么情

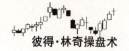

况，而每一次出现新情况——譬如收益大幅地提高、出售赔钱的子公司以及公司正在开拓新市场等这些就像正在翻开一张新牌那样，只要这些新的情况就好比新翻开的牌一样表明你的胜算很大时，你就应当继续持有这些公司的股票，就如同你继续持有一把好牌似的。

林奇认为，在股票市场中运用正确的投资方法能够减少投资风险，就如同在纸牌游戏中应用正确的玩法能够减少风险似的。假如投资方法错误（比如买入了一只股价被过度高估的股票），即使是买进像亨氏这样的大公司的股票也会造成很大的损失，同时也会失去其他很多的投资机会。有的投资者这样认为，只要购买蓝筹股，就不用去关注这些公司的基本面，结果是他们由于这种盲目轻率的做法一下子就亏损了大部分的投资资金，并且很有可能此后 8 年时间也没有上涨到原来的价位。难道是公司出了问题才造成巨大的风险吗？不，唯一的原因是大家对这只股票的投资方法是错误的，对于那些可以接受不确定性的投资者而言，投资股票的最大好处是，一旦判断正确就能获得十分惊人的投资回报。很明显的，股票投资已成为一种值得一试身手的赌博，前提是你必须懂得怎样正确地来玩这种游戏。只要你手中持有股票，就好比一张张新牌会不断地摊开一样，一个个新的公司信息会不断地出现。

三、从不相信谁能预测市场

每遇到牛市，在电视和电台的证券频道节目上，在报刊的证券版面上，每天确定会看到许多专家在内的无数投资者在想方设法预测股市下个交易日、下周、下月、下季、下年的走势。然而最成功的基金经理彼得·林奇却说道：永远难以预测股市，永远也不要去预测股市。

尽管说"行情总在绝望之中诞生"，然而投资者永远无法未卜先知。有的时候，投资大众以为坏消息已经够多了，股市不会再下挫，

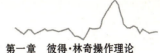

但它却持续下跌。预测市场走势以及进场时间点，并非是股市赚钱的好方法。假如将投资时间拉长到 30 年来看，不管投资者是在每年股市表现最好的当时入场，或者最坏的一天入场，或是每年的第一天入场"，这三种情况的报酬率，实际上差距不大。由此可见，从长期投资的角度来看，没有必要去预测股市，预测股市很难让人成为股海常胜将军。

彼得·林奇讲道："我每天只用 15 分钟进行经济分析。"并且他指出："在股市亏损的原因之一，是一开始就研究经济情况，这些观念直接将投资人引入死角。"

彼得·林奇发现由于经济预测所产生的忧虑特别无用。他曾经说："我们不做经济判断，在我们这里无人会告诉你将出现经济衰退，不要买电子股，或者经济立即要起飞，赶快购买柯尔开特公司的股票。1980~1981 年发生不景气的时候，无人打电话告诉过我。"

彼得·林奇注意到，大家总是问他股市与经济形势及其他类似的大问题，然而没有人能够回答。就算有人真的能提供答案，比如宝龄或柯尔开特等公司也不会受波动的影响。可是，如果投资者买到业绩不佳的公司，情势一片大好的时候也会赔钱。他说："讨论 6 个月后国民生产总值的人是傻瓜。"

彼得·林奇认为，市场投机者企图对股价的短期波动加以预测，期望获得快速的利润。很少有人能够以这种方式赚钱。事实上，任何人若能够持续地预测市场，他或者她的名字早已就列入世界首富排行榜，排在亿万富翁沃伦·巴菲特与比尔·盖茨之上了。

在林奇每次演讲完毕回答现场观众提问时，总会有人站起来问他对将来股市行情涨跌的看法，却无人关心上市公司基本情况，比如想知道固特异轮胎公司是不是一家可靠的公司或者其目前的股价水平是否合理等等。

彼得·林奇发现，在1987年10月美国华尔街股市暴跌1000点之前，无任何一个投资专家或者经济学家预测到这次股市暴跌，也无人事前发出警告。有不少的人声称自己早已事先预测到这次大跌，然而若这些人真的预测到的话，他们早就会提前将他们的股票全部抛出了，那么因这些人大规模抛售，市场可能早已在几周甚至几个月之前就暴跌1000点了。

证券分析之父格雷厄姆曾讲过："假如说我在华尔街60多年的经验当中发现过什么的话，那则是无人能成功地预测股市变化。"巴菲特也讲道："我从来没有见过能预测市场走势的人。"可彼得·林奇也很遗憾地感叹："不要妄想预测一年或者两年后的股市走势，那是根本不可能的。"

或许投资者会悲伤地问："既然股市根本无法预测，万一再产生暴跌，我们应当怎么办呢？"彼得·林奇的回答是，根本没有必要担心此问题："很明显，投资者并不需要具备预测市场的能力照样能在股市上赚钱，假如不是这样的话，那么我就应当一分钱也赚不到。在几次非常严重的股市大跌期间，我只好坐在股票行情机前面呆呆地看着我的股票也跟随大跌。"

连彼得·林奇也不能预测股市，然而他却获得年均29%的投资报酬率，13年增值29倍，从而成为美国有史以来最成功的基金经理。

由此可见，投资者并不需要具备预测市场的能力同样能够在股市上赚钱。

作为基金经理的彼得·林奇每年都要跟上千家上市公司的高级管理人员交谈，而且还会看到报纸上引用的各种各样的黄金投机者、利率投资者、联邦储备银行观察员和财政评论员的评论。然而他还没有找到任何一个可靠的信息来源可以告诉自己股市到底能上升多少，或者仅仅能告诉自己股市是上涨还是下跌。股市所有重大的上涨与下跌总

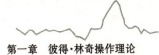

是完全出乎他的意料，让他很吃惊。有许许多多的专家在研究超买指数、超卖指数、头肩形态、看涨看跌比、联邦储备银行的货币供给政策以及国外投资的情况，然而他们却并不能连续而准确地进行市场预测，彼得·林奇认为，他们的预测能力比古代那些通过挤压鸟的砂囊来为罗马君王预测何时匈奴人会突袭的占卜者好不到哪儿去。

在美国大概有几万名经济学家，他们当中许多人被高薪聘请从事预测经济衰退和利率走势的专职工作，但是若他们能够连续两次预测成功的话，他们可能早已成为百万富翁了。

他们因成功预测经济衰退和利率走势成为百万富翁以后，极可能辞去工作，到著名度假胜地巴哈马的比密尼岛，一边喝着朗姆酒，一边钓着金枪鱼。然而实际情况是，他们当中的很多还是在为了得到一笔丰厚的薪水而拼命工作。

既然投资者很难预测股市，那么最好的方法就是不要预测股市。正像巴菲特所言："对于将来一年后的股市走势、利率以及经济动态，我们不作出任何预测。我们以前不会、目前不会，将来也不会预测。"在巴菲特看来，投资者经历的就是两种情况：上涨或下挫。关键是你应该要利用市场，而不是被市场所利用，千万不要让市场误导你采取错误的行动。

马克泰尔曾经是"要想赚大钱，应该先预测市场的下一步情况"，他是信念的虔诚实践者，然而他最后发现，在他认识的几十位市场"权威"中，在市场预测上比自己高明的一个也没有。而他所认识的基金经理中也没有一个擅长市场预测，并且他们几乎不能稳定地为他们的投资者盈利。除非他们运用预测别有用心要利用你的趋势。

经济大师萨缪尔森说得好，股票是一种艺术，并非科学。

股市的运行有的时候好像有些科学性，比如波浪理论、缺口理论、K线含义以及黄金分割率等，它们运行大多数都符合这些经典的理论。

这些理论的存在则是一种事实，然而通常被庄家反用，从而成了欺骗散户的陷阱。

股市好像有更多的艺术色彩，有的时候股市不讲科学，也不讲业绩，甚至不讲常理。关键则是看庄家的实力，通常以出奇制胜为赢家，而很多人摸不着规律而充满魅力和神秘。以正常的思维去分析预测股市，只能够表明你对股市的思维不正确。

被誉为20世纪金融史上最成功的投机者之一的科斯托拉尼讲过：想要运用科学方法预测股市行情或将来走势的人，不是江湖骗子，就是蠢蛋，要不然就是兼这两种身份的人。

股市是在能预测跟不能预测之间徘徊，在预测准跟预测不准上下波动。

所以，股市如同棋局似的，股市有必须法度，法度无定法。股市之道，非常道。兵无常势，水无常形，股无常态。

天有不测风云，股有突涨暴跌。股市有的时候看不清，讲不明，测不准，变幻莫测，有巨大的不确定性。

千人不识股市面，万人难知股市心。股市什么事情均能发生，什么事情也都不能发生，股市对任何人而言都永远是变幻莫测的，永远是一本读不懂的天书。

与分析师通常所做的行情预测相反的是，杰出的交易员只遵守规则而从不做任何行情预测。杰出的交易员并非是一个优秀的分析师，优秀的分析师同样不会是一个杰出的交易员，两者因所处位置的不同，在应对市场时所运用的方法也具有本质上的区别，运用分析和运用规则在这两类人中具有极强的代表性。所谓"会说的不会做、会做的不会说"表明了此道理，过去还是个新人时就注意到这样的一个现象：在公司里大议"主力"，大议"行情走向"，能够发表"精辟分析"的人往往操作是极糟糕的，而公司里通常盈利的一个客户却总是很沉默，

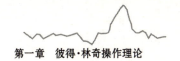

问其如何看行情，总是回答：不知道会如何走。跟我聊起来也总是在说一些诸如顺势之类的理念性话题，与其他人的行为形成了明显的对比，当时还认为他是不愿意透露自己的想法，最终自己经验逐渐成熟才明白他没有撒谎，完全说的是实话。

很多个人交易者都介于分析师和杰出交易员之间，操作中既存在一些规则同时又充斥着大量的主观化分析与毫无正确逻辑可言的"预测"，还有对所谓"主力"动向的臆想，而主观特征很明显的"分析"正是造成逆势操作的主要根源，抄底、摸顶的恶劣操作习惯都来自"分析"的结果。错误的操作方法而造成的结果必然是持续的亏损，对大多数个人而言，资金是经不起折腾的，屡战屡败、亏多盈少，最终信心丧尽后退场也就在情理之中了，能够理解一些基本生存原则的专业投资者尽管可以相对长时间的留在市场，然而根本上错误的交易方式仍然将其排除在成功的大门之外。

最后彼得·林奇指出，投资者应当关注企业的基本面，而不要去白白地预测市场的变化。

四、不要相信所谓投资天赋

大多数投资者认为，股票操作主要依靠天赋，没有天赋是完全不行的。许多投资者常常抱怨自己没有巴菲特、索罗斯这样的投资天赋和才能。可是彼得·林奇却认为，投资过程中并无天才，更无股神，不要过分相信所谓的天赋与才能。那些"最具天赋"的华尔街股神，不过是投资者找到了适合他自己操作的行之有效的方法，大多数的投资者只要肯付出汗水和精力，同样也能够找到适合自己的道路。假如你肯比他人付出更多的辛劳，你就可能比他人多收获一分成功，对于天赋这一说，只是存在于那些没有成功却不愿承认自己没有踏踏实实投入进去的投资者。

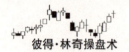

彼得·林奇强调，股票操作技巧并不会世袭，股神的儿子并不一定会是股票天才。假如是那样，大多数普通投资者岂不干脆就没有希望了，股票市场也就不可能发展成目前这个规模。彼得·林奇还对媒体讲道："在华尔街，别人都以为我是一个投资天才，然而我在摇篮里的时候，旁边并没有放着播放股票行情的收音机；我长乳牙时，也没有咬过股票交易单；我在上小学时，也并没有操作股票。相反地，我的少年时代只是一个高尔夫球童，只不过别的球童在高尔夫球场上，只是为了挣取他需要的薪金，而我是一边工作一边倾听客人对操作股票的经验交流。"股神巴菲特自幼就喜欢股票，并不意味着巴菲特就比他人更有股票操作的天赋，至多只能说明他比别人更早开始关注股票。他与其他投资大师一样，成功的因素就在于不断的努力、勤奋的工作以及科学的操作方法。

尽管在股市中有人赔到血本无归，也有人赚得不亦乐乎，然而实际上每个投资人在股票市场获得的机会都是相同的（不过，这里不包括极少数直接参与交易内幕的投资者）。成功只是青睐于那些具有专业知识和实践经验的投资者，失败的投资者没有获得相应的回报，并不是自己不如他人头脑灵活，没有他人有眼光，更不是自己不具有股票操作的天赋，而是没有找到适合自己的操作策略和操作方法。

大多数人以为华尔街投资机构的负责人是具有投资天赋的，由于他们作出的决断通常都比较准确。其实不然，他们的投资天赋根本不比一般人高超多少，他们之所以成功，是他们在分析股市的过程中，掌握了比普通投资者更多更详细的数据，并且他们能够享受着一个投资团队的研究成果，获得整个投资团队的协助。一旦他们离开了自己的投资团队，他们就会像其他个人投资者一样，被市场弄得无所适从。比如沃伦·巴菲特、乔治·索罗斯、吉姆·罗杰斯、查理·芒格等投资大师，他们之所以能缔造出让人羡慕的投资业绩，也并不是他们具

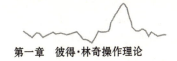

有与生俱来的投资才能，而主要是因为他们后天不断的学习与勤奋的工作。

智商的高低并非投资成功与否的关键。我们应该承认，每个人的智力情况确实是不一样的，有的人智商要比常人高很多，然而真的是智商高的人就比智商低的人更容易获得投资成功吗？当然不是。为了解释自己的观点，彼得·林奇还举了一个例子：我们在上学时，并不是每个智商高的人学习成绩就一定好，他们中有不少孩子由于贪玩而在考试的时候不及格，而通常有智商低的人凭借着后天的勤奋努力考上全班第一。因此，投资者千万不能相信天赋投资论这种荒谬的观点，实际上每个投资者都有自身的特点，忽略自己的优点和特长而去追求并不存在的投资天赋，岂不是舍本逐末？那些处处打着"股神"幌子招摇撞骗的投资专家，其目标并不是为了让听信自己的投资者赚钱，刚好相反，他们想要的正是投资者口袋里的钞票。

实际上成功要素就是：理性、经验、知识以及勤奋。投资大师查理·芒格也曾讲过："怎么样让自己比别人更聪明呢？这部分同与生俱来的个性有关。一些人并不具有进行投资的合适个性，他们要么过于急躁，要么总是麻烦不断。但是，假如你有出色的个性，主要是指你很有耐心，当你拥有了丰富知识的时候，一定会进行大规模的进攻，接下来就会慢慢学会游戏规则，一部分是通过自己的实践，另一部分是学习别人的经验……所以，游戏规则就是我们要不断地学习。我并不以为那些不喜欢学习过程的人会不断学习。"

五、业余投资者必须自己去独立投资

彼得·林奇说："以前 30 年当中，股市是由职业炒家所主宰，与大众的观点相反，此现象让业余投资者更容易获胜，你可以不要管职业炒家而战胜市场。"

　　彼得·林奇非常坚决地认为，个人投资者在运用其投资方法时，比华尔街和大户投资者更具独特优势，是由于个人投资者不受政府政策和短期行为的影响，其方法使用更加灵活。

　　彼得·林奇在他的《战胜华尔街》自序中也打了个投资市场与棒球赛场的比喻："我在本书想要告诉人们的是：虽然都是打棒球，然而职业棒球选手与业余棒球选手根本不会在同样级别赛场上比赛。虽然都是在股市中投资，然而管理共同基金和养老基金的基金经理人和普通业余投资者也根本不是在同样的投资赛场进行对抗。"很明确告诉大家，个人投资者并非在与专业投资者进行对抗，投资者可以赚的则是企业发展的钱。

　　个人投资者相比专业投资者事实上各有优势。彼得·林奇如此讲道："专业机构投资者得遵守很多这样那样的限制性规定，在股票操作中束手束脚，然而业余投资者却很自由，几乎是想如何做就如何做。作为业余投资者，不像专业投资者那样必须分散投资于很多只股票，完全能集中操作少数股票，而且能利用比专业投资者多得多的业余时间来调查研究上市公司。假如一时找不到有吸引力的好股票，业余投资者完全能够空仓，抱着现金等待时机，可是专业投资者却没有这样的自由。业余投资者也根本不需要跟其他人比较业绩高低，而专业机构投资者每个季度均必须公布投资业绩，不得不通常面对与同行比较的巨大压力，又有哪个业余投资者需要如此做呢？依据美国投资俱乐部协会（NAIC）提供的证据表明，因业余投资者没有那些束缚专业投资者的限制，完全能够做得比专业投资者好得多。美国投资俱乐部协会的会员包括全美国各地1万多家投资俱乐部，这些投资俱乐部的成员均是很普通的业余投资者。美国投资俱乐部协会的数据证明，1992年大概有69.4%的业余投资者战胜了市场，投资业绩要比同期标准普尔指数高。一半以上的投资俱乐部在以前5年中有4年战胜了市场。

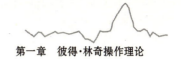

这证明，业余投资者通过充分运用自身相对于专业投资者的优势，在选股方面做得越来越好。"

并且彼得·林奇总结出：业余投资者具有这些优势：

（1）75%的基金投资业绩甚至连市场平均水平都达不到。

（2）业余投资者并无短期业绩排名的压力，能从容淡定地进行操作。

（3）业余投资者无持股比例以及持股时间的限制和约束，也没有向他人披露业绩的义务。

（4）业余投资者不用考虑市场下挫或者业绩不好时投资资金被要求赎回而被迫卖股的压力。

（5）业余投资者能灵活地构建自己的投资组合，完全依照自己的能力和兴趣进行股票配置，并且按照需要随时进行调整。

（6）业余投资者对于自己工作所在的行业与公司的理解，往往比专业投资者更加深刻。

（7）业余投资者只要善于注意观察，能够从日常生活中早于专业投资者发现大牛股。

彼得·林奇是通过运用一些最基本的法则与常识来获得突出的投资业绩，而且他有一个坚定的信念，那就是个人投资者相比机构投资者来说，具有与生俱来的优势。其原因就是机构投资者不愿意或者不可能投资一些还没有引起分析师或者基金经理关注的中小盘股，而这些股票能够提供惊人的回报，从而留给个人投资者许多的选股机会。A股市场的上市公司数量虽然还远没有达到美国上万家的规模，但也不乏充满活力的中小盘公司，并且数量还在持续扩大，中国个人投资者同样有施展的舞台。

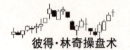

六、投资股票之前必须做好准备工作

彼得·林奇说：在你准备购买股票之前，你必须对以下各点有一个基本的了解：股票市场的整体情况，你对美国公司的信任程度，你是否需要对股票进行投资？你所期望获得的回报是多少？你打算做短线交易还是进行长期投资？你对某些突发事件、不可预测事件和股价暴跌的反应情况如何？最好在进行投资之前明确你的投资目标和分析清楚自己对投资的态度。

林奇是这样认为的：

"买入通用电气公司的股票是一个最好的投资对象吗？"这并非我针对一只股票所询问的第一个问题，即便通用电气的股票是一个不错的投资对象，并不意味着投资者就必须购买这只股票。投资者到离自己最近的镜子那儿好好照一照自己，认清楚自己的实际状况之前，研究公司的财务指标是没有任何意义的。开始购买任何股票之前，投资者都必须首先问自己以下四个个人问题：

第一个问题是，你有一套房子吗？

这是你个人和家庭生活的最基本保障，千万不要将你准备买房的资金用来进行股票投资！

第二个问题是，你将来需要用钱吗？

投资股票是一件长期的事情，必须要计划好你将来生活所需的资金。这里所讲的长期投资，指的是20年以上的投资年限，简单来说你的钱可以在股市上放置20年而不着急他用。

应该把个人财产的多大比例投入股票市场？一个简单的考虑方法是即便这笔损失果真发生了，在能预见的将来也不会对你的日常生活产生任何影响。也就是说，在进入市场之前，千万不要计算你能够赚回来多少，但必须要计算你能够赔得起多少！

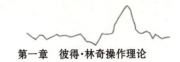

第三个问题是，你具备投资成功所需要的个人素质吗？

（1）耐心和坚持。

（2）基于常识的思维模式。

（3）痛苦的忍耐力。

（4）心胸开阔。

（5）头脑灵活。

（6）愿意独立研究。

（7）谦逊，能主动承认错误。

（8）能够在市场普遍性恐慌之中保持冷静。

（9）能抵御人性的弱点。

第四个问题是，在你准备购买股票之前，你还必须问自己这些问题：

（1）你是否需要对股票进行投资？

（2）你所期望获得的回报是多少？

（3）你准备做短线交易还是进行长期投资？

（4）你对某些突发事件、不可预测事件和股价暴跌的反应情况如何？

假如你对上述情况一无所知并且又非常缺乏信心的话，那你一定会成为一个潜在的市场牺牲品，你会在市场不景气的时候放弃所有的希望并且会在亏损惨重的情况下抛空股票。虽然这是一项个人的准备工作，也需要尽可能多的知识和研究来从长期的不景气市场中挑选出有潜质的好股票，最后决定投资者命运的既不是股票市场，更不是那些上市公司，是投资者自己决定了自己的命运。

七、购买成长性的公司股票，并长期持有

彼得·林奇认为，抓波段操作并不是真正的赢家，真正的赢家是从头到尾投资在股市，而且投资在具有成长性的公司里。实际上，最能够对抗熊市的策略就是设定时间表，在每个月，每四个月，或者每六个月等固定的时间里投资固定的金额，这样就能够避免追高杀低的风险和忐忑不安的心情。

任何做波段操作的人均喜欢对市场行情进行预测，通常希望在短期内获取最大的回报。确实有人因此赚了钱，然而这决不是永远能够遵循的法则。

大家总是不断地寻找打败市场的秘方，然而，此真理就在我们眼前：买一些有盈余成长潜力的公司股票，而且除非有最好的理由，千万不要轻易卖出持有的股票。

彼得·林奇曾说过："不考虑这些偶然因素，股票的表现在 10~20 年的时间中是能够预见的，至于想了解它们是否在今后 2~3 年内走高或者走低，不如掷个硬币瞧一瞧。"这样的言论听上去好像并不出自普遍只关注股价短期回报的华尔街人士之口，然而彼得·林奇有这样的理念也正是他能脱颖而出的关键。他从不去考虑所谓买入时点或企图预测经济走势，只要所投资的公司基本面没有产生实质性变化，他就不会抛售股票。实际上，彼得·林奇曾经对寻找买入时点是否是有效的投资策略做过深入的研究。按照他的研究结果，假如一个投资者在1965~1995 年这 30 年中每年投资 1000 美元，然而很"不幸"的是都赶在每年的高点建仓，则这 30 年的投资回报年复合增长率为 106%。假如另一个投资者在同样时间段内"有幸"在每年的最低点建仓 1000美元，则他在这 30 年中的投资回报年复合增长率为 117%。由此可见，尽管是在最糟糕的时点买入股票，在 30 年的时间里，"不幸"的投资

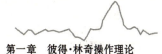

者每年的回报率仅仅比"有幸"的投资者少 1.1 个百分点。此结果让林奇相信费心去捕捉买点是没必要的。只要这个公司非常优秀，它能够给股东创造更大的价值，则这家公司的股票价值就会持续上升。

所以彼得·林奇的投资工作就变得非常简单，那就是去寻找伟大的公司。这些伟大的公司股票被林奇叫作"Tenbagger"，是指那种股价能够翻十倍的牛股，但要实现这样惊人的回报首先要做到的就是长期持有，尽管它很快就涨了 40% 甚至 100% 也不考虑卖出。然而大多数投资者包括很多基金经理在内却在卖出或减持这些能够持续盈利的股票，反而对赔钱的股票不断增仓，希望能拉低成本，此行为被林奇戏称为"拔掉鲜花却给杂草施肥"。

按照彼得·林奇的统计，长期来说，股票的报酬率是非常有利的。这里所讲的长期投资，指的是 20 年以上的投资年限，即投资者的钱可以在股市上放置 20 年而不着急他用。所以，彼得·林奇建议，假如投资者的钱在将来短期内有急用，那么一开始就不该对股票进行投资。由于无人能预测股市将来几年内的走势，假如投资者刚好遇到股市的回调整理或者熊市，那么此时的股票投资极可能是赔钱的。

坚持长期投资的理念让彼得·林奇获得了巨大的业绩。事实上他操作富达麦哲伦基金期间是 1977 年 5 月到 1990 年 5 月，年平均报酬率达到 29%。

长期投资的理念让彼得·林奇获得如此成功，然而在实际操作中，不少的投资者也同样采取了"长期投资"的策略，然而却赔钱了，而这种赔钱不仅是资金的损失，同时也是时间和精神上的损失。那么，如何才能更好地执行长期持有这一投资策略是每个投资者都必须面临的问题。彼得·林奇认为，长期持有并不是一件简单的事情，假如投资者长期投资了一只"地雷股"，尽管最后持有到退市也不会赚到多少钱，反而会血本无归。那么，对于许多投资者来说，该如何理解彼得·

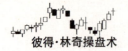

林奇的长期投资理念，该如何更好地实践长期投资策略呢？如下五点可以作为参考：

第一，避免陷入长期投资策略的字面误区。有的投资者往往以为长期持有就是长期捂股，只要购买股票放在那就不用管了，等待赚到很多钱。事实并不是这样的。在进行长期投资之前，需要对购买的股票进行综合分析，判断购买股票的基本面是否良好，购买的时机是否合适，购买前后对持有的时间有所考虑，以及在持有过程中的持续观察和研究发行这只股票的上市公司的情况和股价的异常变化。尽管声称"最好的持股时间是永远"的巴菲特也是逢低入场，长期持有，而不是追涨杀跌。有时一只好股票因买入时机的不正确反而会导致亏损，而一只差股票因买入时机的正确而有所盈利。而且假如一只股票一年内就完成了预期的投资目标（譬如 2 倍、3 倍甚至更多），投资者就要通过分析之后，再决定是否要坚持长期持有这只股票。

第二，长期投资者应该看淡利空。彼得·林奇认为，假如投资者要尝试避开股市下跌，避免亏损，那么极可能就会错过下次上涨的机会。这就是企图预测市场最大的风险。以美国股市为例，假如在以前 25 年的时间中一直坚守岗位，那么投资的年平均报酬率超过 11%，但是如果喜欢进进出出，又不幸正好错过这其中表现最好的 40 个月，年平均报酬率便会掉到只剩下 1%。股市反弹，通常在最出乎人意料的时候，只有长期投资才能避免这种风险。譬如，1990 年，美国打响海湾战争，当时经济身陷衰退且面临银行危机。结果呢？隔年却是美国历史上股市表现最出色的年度之一，标准普尔 500 指数在 1991 年上升超过三成。因此长期投资者必须学习看淡利空消息，由于任何时候都有坏消息。但是不要忘了，好消息也通常存在。假如投资者容易受市场杂音干扰，那就应该认真考量自己是否适合涉足股市。

第三，购买自己很了解的股票。根据彼得·林奇的观点，购买自己

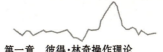

所了解的股票是个人投资者战胜机构投资者的一大法宝。对于投资者而言，只有自己亲身体验过的才是最佳的分析观点的来源。此点彼得·林奇做得很好，他在生活聊天、旅游以及购物的过程中都去了解一些被人忽视的东西，而他的这一点帮助他发现了许多只涨幅很大的好股票。对于投资者而言，最好的做法就是多留意身边生活中的事物，发现值得投资的股票，然后长期持有。在日常生活当中，投资者均会通过不同的途径接触到方方面面的信息，譬如报刊、电视、网络、日常工作以及朋友闲聊等。假如对这些信息适当地加以利用，再结合投资者本身的行业专业知识优势、渠道优势以及地域优势在合适的时间买入合适的股票，并且进行长期持有，最后必然会获得很好的回报。

第四，认真搞好公司调研工作。彼得·林奇非常重视的工作则是调查研究，无论是他的妻子告诉他的，还是他本人发现的，接下来的调查研究均是他必不可少的一个程序。在调查研究之中，他会关注公司的内在价值，譬如公司基本状况、资产负债情况、销售市场、市盈率与增长比率以及销售百分比等一系列的详细了解与分析。在此方面他也积累了大量的方法。

第五，必须忽视市场的短期波动。尽管专家们不断强调要从长远考虑，然而每一次市场波动时投资者所看到的千篇一律的评论让他们不得不把注意力集中到短线操作上。假如投资者能不理会针对最近股市波动所做的陈腐评论，而是像查看汽车里的汽油那样每隔一段时间查看一次股票的价格，他们可能会更轻松地作出决定。公司收益迟早会影响到证券投资的成败与否，而今天、明天或者将来一周的股价波动只会分散投资者的注意力。

第二章 彼得·林奇操作股票的步骤

彼得·林奇投资思路很开阔，在选股的时候不受行业的限制，也不在乎市场的循环周期，只要该股票的确具有投资价值（此投资价值必须是调查研究的结果），便会果断地进行投资。彼得·林奇操作股票主要有 7 个步骤：选择目标企业、收集调研资料、评估内在价值、分析市场价格、确定买入时机、分配投资比例以及确定持有期限。

一、选择目标企业

彼得·林奇经常说："必须投资于企业，而不是投机于股市。"在他看来，企业自身的好坏比股票价格等因素重要许多。所以，他不太重视所谓的技术分析，而是注重基础分析中对某一行业、某一公司作出具体的分析。他认为，任何一个产业或者板块，哪怕是所谓"夕阳产业"，都能够从中找出潜在的投资目标，甚至"女士的丝袜比通信卫星好，汽车旅馆比光纤光学好"。只要企业内在的品质好，股价比较合理，就能够购买。1982 年，林奇大力建仓艾科卡领导下的克莱斯勒汽车公司的股票，20 世纪 80 年代末重仓持有储贷行业股票都是极其成功的例子。这类似于中国投资者通常挂在嘴边的那一句话："没有好的股票，只有好的价位。"

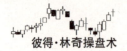

彼得·林奇认为，投资成功的关键就是思想要开阔，心里不能有偏见，尽量多研究些企业。他认为很多投资者的头脑都不够灵活，思想不太开阔，偏见比较多，侧重于某些行业，从而忽视另一些行业。难道不知道"行行出状元"，每个行业当中均会有杰出和优秀的公司。

彼得·林奇重视的是企业的基础业务，而对市场的预测、利率的变化等并不太关心，他宁可投资一家不受人喜欢的行业里经营有方的公司，而不投资一家热门行业的热门公司。他认为越是热门的行业，竞争就越激烈，结果大家都不能获利。对于他而言，企业自身才是重中之重，只要企业发展很好，业绩突出，股价是没有理由不上升的。

彼得·林奇还讲道：我在分析股票的时候，总是先确定这个企业股票所属的不同种类，接着相应确定不同的投资预期目标，最后再进一步分析这家企业的具体情况，分别采用不同的投资策略。所以，我认为"对股票进行分类是对股票投资进行分析的第一步"。

我们只能首先分析确定企业股票的种类，对不同的种类采用不同的投资策略。那些千篇一律式的陈词滥调般的操作原则通常是很愚蠢的。

彼得·林奇分析企业业务的方法主要是，按照企业销售或产量的增长率将其划分为6种类型企业的股票：缓慢增长型、稳定增长型、快速增长型、周期型、困境反转型以及资产隐蔽型。

在他看来，一切经济实体的"增长"均意味着它今年的产出比去年更多。衡量企业增长率有很多方法：销售量的增长、销售收入的增长以及利润的增长等。缓慢增长型企业的增长很缓慢，大概与一个国家GNP的增长率相当。

顾名思义，快速增长型企业的增长极其迅速，有时候一年会增长20%~30%，甚至更多。在快速增长型企业中投资者才能找到价格上扬最快的股票。

这里必须注意的是，一家企业的增长率不可能永远保持不变。一家企业并不总是固定地属于某一种类型。在不同的时间段里，在企业发展的不同时期，企业的增长率在不断改变，企业也往往从最初的类型转变为另一种类型。彼得·林奇在分析股票的时候，总是首先确定这个企业股票所属的不同类型，接着相应确定不同的投资预期目标，再进一步分析这家企业的具体情况，分别运用不同的投资策略。所以，彼得·林奇的忠告是："决不可能找到一个各种类型的股票普遍适用的公式。"

"无论股市某一天下挫 50 点还是 108 点，最终优秀企业的股票将上涨，而一般企业的股票将下挫，操作这两种不同类型企业的投资者也将得到各自不同的投资回报。"至于选股，彼得·林奇不断地告诫投资者要独立思考，选择那些不被别人关注的股票，做个真正的逆向投资者："真正的逆向投资者并非那种在大家都买热门股时偏买冷门股票的投资者（如当他人都在购买股票时，他却在卖出股票）。真正的逆向投资者会等着事态冷却下来之后再去买入那些不被人所关注的股票，尤其是那些让华尔街厌烦的股票。"彼得·林奇认为他成功的主要原因在于与众不同的选股策略："在我管理富达公司麦哲伦基金的这 13 年里，虽然有过无数次的失误，然而每只个股还是平均上升了 20 多倍。其原因在于我仔细研究以后，发现了一些不知名和不受人们喜爱的股票。我相信任何一位投资者都能够从这样一种股票分析的策略中受益。

选择股票的方法需要与交易习惯、风格结合，更要符合自身的性格。他人的选股方法你学过去，然而没学到买卖时机还是没用的。

那么，怎么才能做好一只股票？

我们投资一只股票，实际上要做好调研，你必须要查阅许多的资料，譬如企业的公告、上市企业平台互动等，均是我们获得信息的来源。这些文字中大多数时候就包含了企业将来的发展战略和方向。当

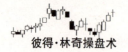
我们尝试去做这些事情时，你便会发现你对市场的理解会随着你对资料的查找越来越深刻，越来越接近本质。

然而现实中，这些文章并不被许多投资者接受，人们都喜欢简单，譬如就喜欢用一个均线或者 K 线或者简单的参数来选择牛股，当然，结果如何，使用这些人心知肚明。因此任何事情总是要有代价的。假如不想付出一点什么，那么什么东西都得不到。

任何一家上市企业均是在两个市场进行经营，第一个市场就是资本市场，此市场的经营目标是市值。第二个市场就是产品市场，该市场经营目标的核心是利润。事实上我们了解许多上市企业更多的是在右边，即产品市场。

每天供研、产、销思考的就是利润问题，极少有上市企业能够有左边这套思维，更少有上市企业能够将这两种思维有效地融合。

事实上市值管理核心思维包括：一是一家企业必须具备产业和资本两种思维，并且必须进行产融互动；二是应该认识到从企业核心竞争力和股东财富来说，市值就是终极指标，利润仅仅是过渡性指标；三是利润做得好不好会影响你的市值，这是经典的价值决定价格理论，然而极少有人思考。反过来也是一样成立的，就是市值的高低同样也会影响你的利润和企业发展。

二、收集调研资料

操作股票之前一定要进行研究。彼得·林奇发现很多人买股票只凭借预感或是小道消息，而不做什么研究。通常来说这种类型的投资者都将许多时间花费在寻找市场上谁是最好的咖啡生产商，接着计算谁的股价最便宜。

而彼得·林奇成功的秘诀则是调研，在他黄金投资 25 法则中也是以调研为重点。

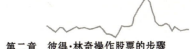

他认为，实地调查所获取的情况比一切的资料与内部消息要可靠得多，他因使用此方法在股票市场上极少失手。

彼得·林奇选择好目标企业，便着手调研，并且收集第一手资料。大家以前都觉得很奇怪，彼得·林奇操作股票并不靠市场预测，不依靠技术分析，也不做期权交易，甚至不做空头买卖，那么，他凭借什么在股票市场上称雄？他又有什么成功的秘诀？

说起来非常简单，用两个字来概括：就是调研。通过调研得到正确的信息，作出正确的判断。

信息的收集与筛选，这是操作股票最基本的工作，正确而又全面的信息毫无疑问是股票投资决策的基础。这里的信息不仅包括宏观方面的信息，譬如社会政治、经济以及金融状况等信息；而且还包括微观方面的信息，比如上市公司经营状况信息、股市交易和价格信息以及证券管理信息等。很明显，信息的重要性极其重要，不重视信息收集与筛选的投资决策无异于胜算极少的赌博。

在此方面，彼得·林奇的做法值得我们学习，或许作为个人投资者不一定能够达到专业机构信息收集与筛选的水平，然而至少在对信息的重视程度上可以向彼得·林奇学习，个人投资者必须做的是培养重视信息的投资习惯，这样才有助于对有效信息进行收集与筛选。特别注意的是，注重信息并不意味着一味地去打听小道消息。

彼得·林奇有两个重要助手，其重要职责就是负责收集各方面的信息，他们分别负责收集华尔街的信息、出席各种会议以及走访各个关注的上市公司。他在其《战胜华尔街》中提及，当一个财经节目主持人问到自己"成功的秘密"时，他将自己的投资业绩归之于勤奋：一年之中走访200家上市企业，并阅读700份年度报告。他声称投资的成功就是99%的汗水加1%的天才。彼得·林奇的勤奋较好地体现在了对信息的获得上。作为基金经理的他每日要处理成百上千条信息，从这

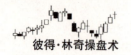

些大量的信息中获得对于选股和交易决策有用的信息。也正是对信息的重视，从而为彼得·林奇的成功投资打下了良好的基础。他的很多成功投资都是来源于对身边信息的重视和细心。不管是好消息还是坏消息，不管信息来自于何处，这均不妨碍他发现新的投资机会。

彼得·林奇认为，一般消息来源者所说的与他实际了解的中间有巨大的差异。所以，在对投资方向作出决策之前，必须要深入了解并考察公司，并做到有的放矢。

彼得·林奇在收集信息的时候，通常与访谈对象讨论他的竞争对手。竞争者把一家公司说得一无是处，这是非常正常的事情。假如他们说好话，就值得关注了。

譬如，其他钢铁公司称赞努可公司的时候，彼得·林奇会马上前往探个究竟，接着买入努可公司的股份。这是由于没有人比其竞争对手更了解一家公司。

彼得·林奇指出，有的时候，向公司经理人查询其公司以外的事务，便会有意想不到的收获，譬如得知其投资供应商或者顾客的构想。

当彼得·林奇从建筑界得到销售比预期高出许多时，他就立刻将思路转移到林业产品、水泥等建材上。在访问施乐百货公司的时候，林奇可能发现地毯销量很好。在零售商店，他可能发现鞋类产品销售不好，然而球鞋的销售状况却不错。到底是什么原因，林奇才知道是制造儿童皮鞋的史泰德公司购买了尤尼瑞尔公司的史柏瑞部门，也就是买下了托普斯德。而真正起作用的却是柯德，它几乎被迫成为整个交易的一部分，并且其业绩占史泰德公司的一半以上。

彼得·林奇曾表示，他为没有抓住锐步很是懊恼，然而有趣的是，他的一位朋友参与了整个事件，从而让林奇能充分地掌握史泰德公司的各个方面的情况。

通过上述这番复杂的考察，彼得·林奇买入了史泰德公司的股票，并且赚了很多钱。

彼得·林奇认为：消息来源所陈述的与他实际了解的之间存在着很大的差异。

假如钢铁厂老板告诉你，钢铁业的情况已经大为好转，这会是个可靠的信息。如果他说光纤业将有重大进展，你最好找很可靠的人去查证后再说。

令人惊讶的是，很多投资者不去请教他想投资的产业专家，却宁愿去信任外行人所提供的小道消息，原因却是此人在其他产业久享盛名。

彼得·林奇也把相似的原理运用于购买美国股票上，正如他所讲的：

"我只热衷于自己拥有这些东西。假如你的决定是错误的，而其他的投资机构也买了这只股票，那么所有人将同时冲向门外。假如我是正确的，也没有什么区别——股价早晚会上升。"

同样的道理运用在整个市场也比较适合。彼得·林奇说："市场上曾经有很多担心：担心经济萧条，担心臭氧层，担心新总统，担心干旱等。"彼得·林奇相信这表示市场是非常正常的。1982年经济情况恶化的时候，股市行情下挫到谷底。彼得·林奇却指出："消息越不好，越是赚大钱的好时机。"

彼得·林奇获取信息的渠道主要有如下两个方面：

1. 跟经纪人或者专业人员进行交流

彼得·林奇一年要听取大概上百个经纪人的意见，每日依据助手的信息提示，需要就一定的主题与经纪人加以沟通。投资者同样也可以在各种媒体上看到或听到许多专家或经纪人的意见，这些专家主要包括投资经理、投资顾问、经济学家和政府官员。彼得·林奇对从这个渠道来的信息采用了一种客观的态度。

为此，对于投资者来说必须注意的是，听取经纪人或者其他专家

的意见，并不表明一定要采纳。听取与相信并不相同，也不相互矛盾。投资者为了挑选想要投资的股票，必须深入研究上市公司内部资料，挖掘它的内在价值，这样就不会轻易盲从或是误判别人的建议，掌握信息是为了更好地自我决策。

随着社会的持续发展，许多公司借助专业人士运用电视、网络、报刊等媒体平台来宣讲自己的业绩，也使得很多投资者以为跟着这些"大师"就能够赚大钱了。然而通常的结果是投资者交了一笔咨询费用后还要承受巨大的损失。不要说那些"黑嘴"性质的股评，就是对一些正式的研究机构的研究报告也要认真分析，寻找到有效信息。许多研究报告的作者并不是非常认真地撰写报告，尽管他是实地去考察了，很多信息也并没有在报告中反映出来，因此，对于投资者而言就应当认真分析、客观评价。

2. 跟公司人员进行交流

目前，许多上市公司均设有投资者关系的专业部门，负责接待投资者的咨询和对市场的一些异常变化作出回应。这就为投资者提供了很多方便。投资者可以充分利用这一渠道来了解自己需要的信息。

（1）通过打电话进行交流。在调研过程之中，专业投资者总是不断地给上市公司打电话，而个人投资者却从未想过要这样做。彼得·林奇认为向上市公司投资者关系部门打电话询问是一个投资者了解公司的最好方法。通常情况下上市公司投资者关系部门的工作人员不可能会态度很冷淡，但万一这样的话，投资者必须采取点小技巧，譬如不妨告诉他们说你持有他们公司2万股股票，而且正在考虑是不是再购买2万股，接着再漫不经心地提一下你的股票是用证券公司名义购买的，这样一来他们的态度通常就会变得热情多了。为此，投资者不用为故意撒谎而感到恐慌，由于这样无关紧要的几句小谎言可能会立即改变沟通气氛，并且在此情况下你的谎言被拆穿的可能性几乎为零。

这家公司不得不相信你拥有 2 万股股票，由于用证券公司名义购买的股票全部由经纪商集中统一持有，并且不按照委托人进行区分只是统一保管，上市公司在股东名单上只能看到证券公司的名字，却看不到真正的投资者的名字。

在给上市公司打电话前，投资者必须提前准备好自己要问的问题，不必要一开始就问"为何你们公司的股票在下跌"。一上来就问为何股票会下跌，立即会让对方认为你不过是一个初入股市的菜鸟而已，根本不会认真对待，随便敷衍一下就可以了。

彼得·林奇认为谈论公司收益是一个非常好的话题，然而不能直接向公司询问"你们公司将来收益是多少"，由于这样就像一个陌生人问你的年薪是多少一样的不礼貌，要想让对方容易接受，就必须问得委婉巧妙："华尔街对贵公司明年的收益预测是多少呢？"投资者还可以谈谈自己对公司将来发展前景的估计，探问一下公司对此的反应怎么样。

假如投资者能一开始询问一个问题表明自己已经做了一番研究工作，则沟通效果就更好了，譬如："我从去年的年报中看到贵公司减少了 1 亿元的债务，则你们将来的债务削减计划是什么呢？"这一定会比投资者问"你们对于债务将来有什么打算"会让他们更加认真严肃地给予回答。

尽管投资者对公司的发展并不太清楚，也能够通过询问两个一般性的问题来获得一些信息："今年公司发展有哪些有利因素"、"今年公司发展面临哪些不利因素"，他们很可能会告诉你一家位于佐治亚州的去年损失 1000 万美元的工厂现在已经关闭，或是一家不再进行生产的分公司被廉价卖掉变现，他们也可能会告诉你一些最近投放的新产品让公司增长率提高。

投资者也会从公司听到一些不利的消息，譬如，劳动力成本增加，

公司主要产品市场需求下降，出现了一个新的竞争对手。这对投资者的调研也有极大的帮助，至少知道一些会对企业股票产生不利影响的因素。

（2）直接拜访公司。彼得·林奇往往进行的一项获得直接信息的工作就是走访公司，通过很多的实地走访，获取最为直接的对公司的了解。这种对上市公司近距离的了解与观察，可以得到最直观、最真实的信息资料。这不仅能让投资者作出正确的投资判断，更能够增强投资者的信心。对于个人投资者而言，在拜访上市公司时无法接触到高层的管理者，这是劣势也是优势。由于个人投资者不会引起上市公司的重视，因此，可以通过观察以及跟普通员工谈话了解到最真实的情况。

彼得·林奇是一个拜访上市公司的高手，除了与公司领导谈话了解公司的基本信息之外，他的特殊之处还在于从以下两个方面入手获取需要的信息：

第一，关注公司内部人员对待自己公司股票的行为。一是彼得·林奇尤其注意上市公司内部管理人员买卖本公司股票的行为，这是一个非常直接的信号。毕竟买卖是为了赚钱，作为内部管理人员比外面人要更加了解自己的公司，也能最早了解公司的一些变化。彼得·林奇认为假如内部管理人员购买了，那么必然是有一个很充分的为自己赚钱的理由；假如卖出了，那么公司的确出现了问题，当然为了偿还账款等被动的卖出行为不包括在此范围之内。巴菲特对公司内部也相当关注，他曾经讲过，"我们所需要的是买入我们所熟悉的企业，由我们喜欢的人经营，而且价格对于潜在客户具有吸引力。"二是询问管理人员对其竞争对手的看法。彼得·林奇认为，在询问过程中若一个上市公司的管理人员对竞争对手进行严厉的抵触，此时价值不大，这种人之常情也是能够理解的。然而如果上市公司的管理人员对竞争对手很赞赏，此情况就必须引起投资者的注意了。这就会给投资者创造另外一个投资机会，如投资这家上市公司的竞争对手。三是与同行进行交流。从事证券行业的人员那里有时候也有许多有价值的信息，因此，彼得·林奇很重视从同行那里获得有效的信息。在他看来，同业中的成功投资家都有一些正式或者非正式的交流和论坛，以此为平台大家都能够交流一些投资方面的心得从而受益。这种精英的聚会并不是个人投资者可以参与的。然而给个人投资者的一个启发就是要重视这类论坛的观点和谈话，挖掘一些专家采访、谈话和论坛背后有用的信息和思想。

第二，阅读报表。报表就是上市公司在一定时期之内经营情况的总结，也是公司财务状况对外披露的途径。由此可见，财务报表是投资者了解上市公司的一个窗口，而基本面情况会透露出公司的未来价值。1994 年，彼得·林奇发现强生公司的股价在一路下挫，然而翻看其财务报表，各项指标都很不错，公司的利润增长已经持续了 30 多年，并且公司过去对利润的预期也极少出现偏差。因股价的下挫，技术派的投资者纷纷抛售股票。然而他却发现，股价下挫的症结在于政府可能出台一项政策，此政策可能会对该公司产生影响，然而实际上影响并不一定如想象中那么大，因此他果断买入了该股票，结果获得了很好的收益。

彼得·林奇在阅读报表的时候注重的指标有：市盈率、现金状况、股息、负债率、账面资产、现金流量、存货与销售、每股收益率等。这些财会知识在一般的专业书上都有。也不必钻进一大堆财务报表中，了解一些基本情况，确信该公司有发展前途就可以了。然而彼得·林奇提醒人们，不注意这些数字是不明智的，然而过分拘泥于数字分析，掉入数字陷阱里不能自拔也同样是愚昧的，甚至是更危险的。

总之，彼得·林奇重视实际调研的工作方法是一种可以减少失误的方法。

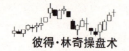

彼得·林奇谈到其成功的经验时，总是不离开"调研"这两个字，他上任基金经理以后不仅对下属的调研人员反复强调实际调研的重要性，而且自己也通常亲自参加这项烦琐的工作。他在进行这件事时，完全没有经理的架子，而是事必躬亲，因此他也极少有失误。

彼得·林奇对大家为何在购买肥皂、枕头、灯泡和卫生纸时仔细查看枕头上的商标，聪明地比较肥皂价格，尽心地计较灯泡的瓦数，耐心地对比卫生纸的厚度和吸水性能，而许多投资者在购买股票的时候却显得异常的粗枝大叶感到困惑无比。大家往往根据一些耳语消息买入某种股票，而不做任何的调查研究。这种信息往往是靠不住的。尽管有些人不做调查一样在股票生意上赚钱，然而这种投资就好比"打出牌来不看牌"那样，在冒着不必要的风险。

实际上调查研究一点也不难，也没有什么神秘的地方。大多数人都懂得这一点儿，然而他们都极少能细致而有恒心地将调查研究做到底。

"你要做的也只是像选择购买日用品那样用心地选购股票。"彼得·林奇这样告诫投资者们。

在美国华尔街，从 1977~1990 年，在股市中赚了很多钱的人比比皆是，然而也有很多人折戟沉沙，成为失败者。彼得·林奇依靠自己的智慧与实干精神始终站立在潮头。

彼得·林奇获得如此之高收益率的原因竟然是如此的简单，是观察了生活中随处可见的事后发现了大牛股。认真地观察生活，适当加以思考，就能够发现成长股。观察生活是找出成长股的条件，明星股实际上就在我们身边。

投资要想获得成功，发现那些真正具备投资价值与成长潜力的明星股，对上市公司进行调研是不可缺少的工作。大多数公募和私募基金在重仓买入某只股票之前，均要亲自去相关公司进行现场调研，掌握大量的最真实的一手资料，这样能够极大地减少投资风险，提升成功率。对上市公司加以调研要注意哪些问题呢？

（1）在访问上市公司前，必须要充分收集与该公司有关的各种信息，包括年报信息、行业信息、市场竞争信息和媒体的综合报道，将这些信息都收集到手中，初步形成关于这家公司的大概印象与逻辑判断。不能在什么也没有掌握、不了解的情况下就前往公司，这样的话，到了上市公司以后，面对很多情况和现象很难进行分类归纳和思考，从而让调研的价值极大地降低。假如未到上市公司之前便形成了全面的判断，你就会懂得自己需要了解什么，应该考察什么，应该重点关注什么，调研则是有目标的、有效率的以及有价值的。这与中学生做物理实验很相似，学生们在做实验之前必须提前了解实验的过程和实验的器材以及实验的目的，假如没有提前准备，老师就不让学生进入实验室。

（2）到上市公司以后，不要将调研的精力只盯在企业本身上，必须多与企业关联的部门和公司交流。任何一家企业总是有相关的原料供应商、产品代理商等关系紧密的企业，要想知道这家企业的具体情况，通过对与其关联的企业进行调查访问，可信度与效率会更好。

（3）到上市公司以后，一是要与企业的董事会秘书、证券事务代表等多接触，由于这些管理层对企业的情况比较了解，可以提供必要的信息。而管理层所提供的信息有时存在投资者所好的问题，因此跟管理层沟通完之后，应该将大量的时间和精力用于对这家公司各个环节、各个角落的实地走访中，与工人接触，到车间中去，到厂区中去，在广泛的接触中感受企业并且通过一些典型的现象来剖析企业。

（4）详细记录你的访问过程，这种记录包括笔记、照片、录音以及录像。对一个远道而来的调研者来说，在极短的几天内看到、听到的信息量纷繁复杂，假如不做必要的记录，回去以后，许多事情和细

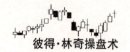
节可能就忘记了，从而让调研得到的信息量极大地减少。必须要通过大量的记录对调研的结果加以综合分析并形成最后的结论，证明你哪些看法是对的，哪些看法错误，这家企业处于什么状态，就如同中学生做完实验后要写实验报告交给老师似的。

实际上，前往上市公司并不是对上市公司进行调研的唯一方法，在超市里、在街上行走时都能够对上市公司进行调查。

三、以市盈率为主，来评估股票的价值

彼得·林奇主要运用市盈率对股票进行估值。根据彼得·林奇对股票的六种分类，不同类型公司的股票市盈率差异也极大。很多投资者通过对不同行业之间、同一行业不同公司之间的市盈率进行对比，找到市盈率偏低的股票，从中获得超额投资利润。

人们平常购物，既不只买品质最好的，也不只买价格极低的，原因非常简单，通常好货不便宜，便宜也没有好货，最划算的当然是好货又便宜，物美价廉，用一句专业术语则是高性价比。

此道理大多数人都知道，然而操作股票的朋友，你懂得吗，购买东西讲性价比，购买股票也要讲性价比。

专业投资者怎样看性价比呢？方法与指标有很多，然而最流行、最普遍也最简单的指标，毫无疑问就是市盈率。

市盈率=每股市价/每股收益。任何人购买任何一只流通股，付出的均是每股市价，获得的均是每股收益，实际上市盈率则是一个最简单的股票性价比公式。

性价比，就是得到的性能与付出的价格之比，而市盈率则是付出的每股价格与得到的每股收益之比，可以说市盈率其实是性价比的倒数，应当说价性比，或是说反性价比。

彼得·林奇对市盈率的解释是最浅显易懂的：市盈率倍数实际就相

当于投资成本回收期年数。你购买股票付出的是每股价格，而你获得的是每股收益，只要持有，年年都能获利。将来每年每股收益会是多少呢？所有股票分析师的工作重心就是预测将来每股收益。

所以，林奇提出了如下基于市盈率的最重要投资法则："千万不要购买市盈率特别高的股票。只要坚决不买入市盈率非常高的股票，就会让你避免很大的痛苦与巨大的投资损失。除了极少数例外情况，特别高的市盈率是股价上升的障碍，就如同特别重的马鞍是赛马奔跑的障碍似的。"

原因非常简单：市盈率倍数越高，意味着投资回收期年数越长，年化收益率越低，越不合算。

如果一只股票每股市价为 20 元，每股收益为 1 元，则市盈率倍数为 20 倍，长期持有成本回收期是 20 年。有人会说，这等同于每年投资收益率 5%。错了！这只是单利，不是复利。根据利滚利的复利来算，年化收益率只为 2.4%，比算术平均法算出来的 5% 低了一半。

假如另一只股票每股市价为 10 元，每股收益也为 1 元，那么市盈率倍数为 10 倍，即投资成本回收期是 5 年，年化收益率为 7.2%，比市盈率 20 倍的股票高出 3 倍。

然而市盈率是高是低，并没有一个绝对标准，通常是相对比较而言。

如何进行对比呢？林奇提出了三个主要市盈率对比基准，这也是专业投资者最常用的：

（1）所在行业平均市盈率水平。如果大大高于行业平均市盈率水平，则最好的就是避开；大大低于行业平均市盈率水平，那么值得进一步深入研究。这类似于你的工资跟行业水平相比较。

（2）这只股票历史市盈率水平。追踪一下这家公司最近几年的市盈率，最高为多少，最低为多少，从而大致判断一下正常市盈率水平

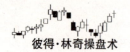
应该为多少，再进行对比（这主要适用于上市交易时间超过 5 年的公司股票）。这类似于你把目前的工资水平与以前相比。

（3）将来预期收益增长率水平。预期收益增长率越高，自然市盈率也越高。林奇认为，通常来说，如果一家公司的股票的市盈率仅仅为收益增长率的一半，则这只股票赚钱的可能性就很大了；假如股票市盈率是收益增长率的两倍，则这只股票赔钱的可能性就很大了。于是林奇建议最好不要购买市盈率高于收益增长率两倍以下的股票。这类似于你目前的工资水平与将来预期增长率相比。

市盈率英文名称为 Price to Earning Ratio，指的是在一个考察期（往往为一年的时间）内，股票的价格与每股收益的比例。投资者常常利用该比例值估量某只股票的投资价值，或是用该指标在不同公司的股票之间进行比较，进而知道如何买股票。简单地说可以用市盈率来评估股票的投资价值。

运用市盈率评估股票的投资价值就要知道市盈率的计算方法。每股盈利的计算方法，则是该企业在以往 12 个月的净收入除以总发行已售出票数，即为市盈率=普通股每股市场价格÷普通股每年每股盈利。假如某股票的市价是 24 元，而以往 12 个月的每股盈利是 3 元，那么市盈率为 24÷3=8，该股票被当作有 8 倍的市盈率，也就是说每付出 8 元前就能够获得 1 元的利润。从理论上来讲，股票的市盈率越低，越值得投资。但是当一家公司增长快速以及未来的业绩增长相当看好时，股票当前的高市盈率可能正好准确地估量了该公司的价值。必须注意的是，运用市盈率比较不同股票的投资价值时，这些股票应该属于同一个行业，因为这时公司的每股收益比较接近，相互进行对比才有效。

运用市盈率评估股票的投资价值的原因有：

（1）它就是一个将股票价格与目前公司盈利状况联系在一起的一种直观的统计比率。

（2）对大多数股票而言，市盈率易于计算并极容易得到，这让股票之间进行对比变得很简单。

（3）它可以作为公司一些其他特征（包括风险性和成长性）的代表。运用市盈率的另一理由是它更能反映市场中投资者对公司的看法。比如，若投资者对零售业股票持乐观态度，则该行业公司股票的市盈率将会比较高，从而反映市场的这种乐观情绪。同时，这也可以被视为是市盈率的一个弱点，尤其是当市场对所有股票的定价出现系统误差时。假如投资者高估了零售业股票的价值，则运用该行业公司股票的平均市盈率将会造成估价中出现错误。

运用市盈率评估股票的投资价值时，还必须注意股票的市盈率是动态的，因此当你用市盈率去判断一只股票的投资价值时，必须要注意该公司的经营是动态的，不能用静态的市盈率来比较是股票的盈利大还是债券的盈利大，因为债券是静态的而股票是动态的。

市盈率就是衡量股价高低的标准之一，并且是极其重要的标准。将市盈率视为唯一的标准自然是片面僵化，抛开市盈率的做法更是荒唐。市盈率并非要不要的问题，而是如何运用的问题。

市盈率越低，表明股价越有投资的价值，这也是很切实的最容易获得的投资指标。抓住低于 10 倍市盈率的股票才是长期投资者的机会。当然有一点一定要特别注意，低市盈率投资适合于稳定增长型行业。

必须正确地运用市盈率，才能使得你的投资发挥实际效果。你可以将一只股票的市盈率与整个市场的平均市盈率进行对比。你正在调查研究的公司或许比市场的平均水平增长更快（或更慢），或许它更有风险（或风险更低）。基本上，将一家公司的市盈率与同行业的公司或者与市场进行比较是有价值的。

在应用市盈率投资的时候，你要知道的情况，这家公司最近出售业务或资产了吗？当你查看公司市盈率时，你应该确信它的盈利是有

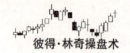
意义的。假如一家公司出售业务或是出售了它在其他公司的投资，则其近期利润很可能是夸大的，所以才有了较低的市盈率。你需要剥离出夸大的利润。

你要清楚地了解到，公司不会永远保持盈利的绝对稳定性，每年收益的变化对市盈率产生比较大的影响，在运用市盈率评估股票价值时，投资者通常会对未来盈利估计过于乐观，结果，当你认为公司的预期市盈率低而购买股票，并期望公司实现所预期的盈利时，情况往往并不是这样……

在动用市盈率评估股票投资价值时，大多数投资者通常忽略了周期行业的股票的特征。虽然你认为一家有很低市盈率的公司便宜，然而这正是买入周期性股票的错误时机，由于它意味着该公司的利润在最近这段时间里已经达到高点，周期性意味着它极可能快速下跌。周期性公司在业绩最差的时候才是投资时机。

结合净资产判断市盈率是更加可行的好方法，这能够避免市场过于乐观而导致市盈率过低，从而让投资者作出失误的投资举措。严格遵循不高于净资产1.5倍的投资原则能够避免你花高价购买股票，这更能够避免陷入周期股投资的困局。假如你明确判断这只股票属于周期股，必须要等股价跌近净资产再行动。

四、分析股票市场价格

彼得·林奇认为，公司股价的走势最终取决于公司价值。虽然有时候要经过数年时股价才能调整到与公司真实价值相符的水平，然而有价值的公司即便股价下跌很久，也最终会上升，至少在很多情况下是这样的。

投资者在任何一张既有股票价格走势线又有收益线这样的股票走势图上均会看到这种股票价格走势跟收益走势基本相符的情形。彼得·

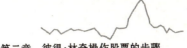

林奇如此总结股票价格波动的规律："股票的价格线跟收益线的变化趋势是相关的，假如股票价格线的波动偏离了收益线，它迟早还会恢复到跟收益线的变化相关的趋势上。大家可能会关心日本人在做什么、韩国人在做什么，然而最终决定股票涨跌情况的依然是收益。大家可能会判断出市场上股票短时间的波动情况，然而从长期来看股票的波动情况依然取决于公司的收益。"

譬如，道氏化学公司1971~1975年和1985~1988年收益增加时股票价格跟随上涨。在这两个时间段之间，也就是从1975~1985年，道氏化学公司的收益波动极大，与此同时股票价格的波动也极大。

还有，1958~1972年，雅芳公司的收益连续上涨，股价从3美元上升到了惊人的140美元。尽管人们都很看好这只股票，然而相对于收益而言，股价已经明显的太高了。最终公司的收益在1973年大幅下跌，股价也跟随大跌，让投资者遭受巨大的损失。

上市公司自身的基本面，则构成了影响投资者预期的主要因素；上市公司的基本面与投资者的预期，一起影响证券的市场价格；投资者预期通过投资行为影响股票市场价格的涨跌，大幅上升或下挫的价格通常能够反过来影响甚至改变上市公司的基本面。

上市公司基本价值、股价以及投资者预期，三者相互影响、互相作用，注定了价值是时刻移动或是变化的。金融市场通常运用投资者的偏见启动阶段性的投资热潮，而不是基于对未来基本面的正确判断。

大多数在其他领域相当成功的人，刚开始操作股票时，也会茫然不知所措，这与金融知识的普及程度有很大的关系，然而更深层次的原因还是这个行业的复杂性和特殊性导致的。证券市场价格的运行规律与其他产业的价格规律甚至一般的经济学规律是不相同的，具有自身的复杂性与特殊性。

股票市场为什么与经济学息息相关，毫无疑问是其价格的涨跌无

不由市场力量所推动。简单来说，即股票的价格是由供求关系的拉锯衍生而来，而买卖双方背后的理据，却无不环绕着人们各自对公司未来现金流的看法。大致上来说，股票所能产生的现金流可以由公司派发股息时出现，然而因为上市公司股票是自由买卖的，所以当投资者抛出股票时，就能够获得非股息所带来的现金流，即抛售股票时，所收回的款项，假如股票的需求（买方）大于供应（卖方），股价就会水涨船高，相反地，当股票的供应（卖方）多于需求（买方），股价就会一沉百踩。这个供求关系看似非常简单，然而当中又有谁能准确预测这供求关系变化而获利呢？

尽管影响公司股价的因素众多，然而"公司盈利"的影响因素却是人们不会忘记的。公司能够短期内出现亏损，然而绝不可以长期如此，否则必然以清盘终结。所有上市公司都有责任定期向公众交代是年的财政状况，所以投资者不难掌握有关公司的盈利状况，当作投资股票的参考。

人们可能主观认为只要公司盈利每年趋升，股价一定会一起上涨，然而事实通常并非如此，就算一家公司的盈利比往年有超过50%的升幅，公司股价也有可能由于市场预期有60%的盈利增长而下跌。相反假如市场认为公司亏损将会增加8%，而当出来的结果是亏损只达到5%（即每股盈利出现负数），公司股价也可能由于业绩较市场预期好而上涨。此外，只要市场憧憬公司前景好，能够在将来为股东赚取很大的回报，就算当时公司每股盈利出现严重亏损（比如20世纪末期的美国科网公司），股价也有可能由于这一幅又一幅的美丽图像而冲上云霄。总的来讲，影响公司股价的因素并不单单停留在每股盈利的多少，反而较市场预期的多或少，这才是决定公司股价涨跌的重要元素。

同时，市场气氛、收购合并消息、经济数据、油价、利息去向以及经济增长等因素，都对公司股价有着举足轻重的影响。

五、选择最好的买入时机

彼得·林奇认为，选择购买股票的最好时机的前提就是发现被市场低估的股票："实际上，购买股票的最好时机总是当你自己确信发现了价位合适的股票时，犹如在商场中发现了一件价位适宜的商品那样。"

彼得·林奇从多年操作股票经验中发现，最好交易时机可能出现在如下两种特定时期：

第一种时机是出现在年底。股价下跌最严重的时期总是出现在一年中的 10~12 月，这并不是偶然，由于经纪人在年底也想多挣些钱去度假，因此他们会非常积极地打电话问客户是否卖出亏损股票以获得税收抵减。个人投资者通常为了年底消费，愿意以低价卖出股票。机构投资者同样喜欢在年底清除一些亏损的股票来调整未来的证券组合。所有这些抛售行为将造成股价下跌，对于价位较低的股票影响更为严重。

第二种时机出现在每隔几年市场便会出现的崩盘、回落以及狂跌时期。在这些让人惊惶的时期，假如投资者有足够的勇气在内心喊着"卖出"时依然镇静地买入，便会抓住那些曾认为不会再出现的良机。对于那些经营良好并且盈利丰厚的公司股票，在市场崩溃之际反而是很好的投资时机。

俗话说得好：选股不如选时。可见选择买入股票的时机极其重要！

购买股票是为了赚钱，非常遗憾的是，很多投资者操作股票都不太认真，购买股票时太随意。对投资者来说，购买股票的确很重要，在这个市场中，一失足成千古恨的例子非常之多。因此，彼得·林奇提醒大家，必须注重如下几点：

一是大市不好不要下单。抛开大市做个股的说法一度非常流行，然而事实证明行不通，梦想大市不好时自己的股票仍上升，就如同梦

想瓢泼大雨中自己脑袋上面的那一块是晴天。当然，有人说巴菲特便长期持股，然而巴菲特也长期不看盘，假如我们能做到不看盘，也无所谓什么时候下单，假如我们忍不住要看盘，那么，操作个股先要看大市。

二是对没有将来的企业不要下单。一个企业有没有将来非常重要，对于有将来的企业来说，其发展轨迹是"芝麻开花节节高"，即便市场暴跌也不要紧，而对于没有将来的企业来说，随着时间的延伸，其业绩会越来越差，经营越来越困难，过的是有今天没明天的日子。

三是没有经研究不下单。经过深入研究的股票，自己做到心中有数，那么你就有准儿。假如你只靠听来的消息，再如何言之凿凿、信誓旦旦，只要股价一下挫，立即就慌神儿；再一下跌，便怀疑消息的真实性；持续下跌，便自我否认消息，最终割肉出局，卖出了一个地板价。只有通过深入调研，将"消息"变成"信息"，变成自己研究以后确信的东西，才能够成为值得信赖的投资参考。

四是对有问题的企业不要下单。有硬伤的或者有疑问的企业尽可能避开，譬如业绩烂得一塌糊涂，公司是否重组、大笔应收账款如何处理，涉及巨大金额的诉讼尚未明确结果，这样的企业最好就是远离，股市里"股树"参天，巨木成林，何必非要吊死在这棵歪脖树上？

那么，哪个时机才是买入股票的最好机会呢？

如下给大家提供几种实用的方法：

1. 制定"目标买价"

股票操作以"低价买入，高价卖出"为原则。然而投资者往往会因股价低时还想更低，股价高时又怕太高，从而错失买入的机会。为了避免此情形，投资者必须制定适合个人资金实力、风险承受能力、股价走势以及投资周期等综合因素的目标买价。有了这一目标价，才能够避免投资的冲动性与盲目性，无论做短线还是长期，操作起来均会增加方向感。对于普通投资者而言，要制定合理的目标价，可以参考如下步骤：

（1）预测公司将来 1~3 年的每股收益。因为普通投资者目前无力对公司将来盈利进行全面合理预测，可以运用券商或独立机构的预测结果；必须注意的是，投资者应该参考多家券商或独立机构的预测结论，从而让预测更全面更准确。

（2）选择一种或者多种适合你自己投资风格的估值方法，譬如常见的市盈率、市净率等。这些估值方法被叫作相对估值方法，通过对比得出合理的估值水平。以市盈率为例子，可以通过该股票历史市盈率区间，结合盈利预期来判断将来 1~3 年的市盈率应该是多少倍。比如预期未来 12 个月里公司将进入盈利周期上涨阶段，就可以选用历史上相同盈利周期时的市盈率倍数作为预测值；假如盈利前景不佳，就可以采用历史上同样业绩不好时的市盈率倍数。动态的市盈率预测也可以采用行业平均水平或者同类可比公司的市盈率。

既有了将来的预测盈利，又有了合理的预期市盈率，将两个数乘起来就能够获得目标价了。

2. 分批买入法

在没有很大把握或资金不够充足的情况下购买股票时最好不要一次买入，而是分两三次买入。这样能够分散风险，得到相应的投资报酬。

具体的操作方法可以分为如下两种：

（1）买平均高法。即在第一次买进以后，等待股价涨到一定价位再买入第二批，等待股价再上涨一定幅度后买入第三批，这则是买平均高法。譬如，在某只股票股价是 20 元时第一批买入 1000 股，股价上升到 22 元时第二批买进 800 股，上升到 25 元时第三批买进 600 股，三次买入的股票平均成本是（20 × 1000 + 22 × 800 + 25 ×

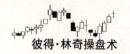

600) ÷ (1000 + 800 + 600) = 2191 元。当股价超过此平均成本时，投资者即可抛出获利。

（2）买平均低法。也称为向下摊平法，即投资者在第一次买入股票之后，等待股价下挫到一定价位再买入第二批，等待股价再次下挫一定幅度后买入第三批（甚至更多批）。买平均低法只有等待股价回涨并超过分批买入的平均成本后，投资者才能获利。

3. 重视价格与成交量

相对低的价位就是购买股票的基础，而成交量则是真实反映股票供求关系的主要因素。假如股价在相对低位止跌企稳，成交量温和放大的时候，后市向好的可能性比较大。作为一名涉"市"不深的投资者若能利用成交量的变化并结合股价的波动发现购买时机，会让操作更有胜算。

4. 遵照供求规律

股市上的需求力量就会引导股价。通常股价遵照"需求先行，供给跟进"的原则上下波动。需求增加的时候，供给会跟着增加，然而供给增加的幅度缓慢于需求增加的幅度。比如，某只股票看来会连续上涨，投资者纷纷买入，这时供给还没有跟上，造成供不应求，股价上升。此后由于股价上涨到一定程度，一些投资者认为可以高价卖出，因此纷纷抛出，造成供给过大，股价下跌。

股票的价格波动与其他普通商品相似，均会经过供需平衡→需求增长→需求高峰→供给过多→需求下降→供需平衡的过程。投资者千万不要在需求高峰（即成交量最多时）买入，由于这时最可能买到最高价的股票。所以，当投资者在看到证券公司强力推荐或相关报刊不断报道时贸然买入，通常会造成损失。

5."天灾"时买进

所谓"天灾"，指的是上市公司遇到水灾、火灾、台风、地震等自

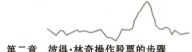

然灾害，造成公司的生产经营受到严重破坏，导致一定的经济损失，让该公司股票价格急剧下跌，甚至形成股价暴跌。

在大多数人心中，通常把天灾导致的损失无限扩大。其实损失通常并不像人们想象的那么严重，况且一般的公司都能够获得保险公司的合理赔偿，所以，损失也便会有所减小。然而大多数人的恐慌抛售使股价大幅下跌，从而给精明的投资者提供了买进的机会。这时大量买进股票，等待天灾过后，一切都恢复正常，股价便会顺理成章地回涨，盈利势在必行。所以，当发生"天灾"的时候，投资者应该谨慎观察，认真研究，接下来作出是否买入的决定。

6. 投资性买入

投资性买入指的是当某只股票具有投资价值后买入该股票。这时并不是股价的最低点，同时也会存在风险，然而即使被套牢，坐等分取的股息红利也能与储蓄或其他的债券投资收益相当。此外，投资价值区域内的股票，即便被套，时间通常也不会太长。

六、集中投资，适当分散

在股市中长期以来一直存在集中投资与分散投资两种完全对立的投资组合观点。可是彼得·林奇却认为不要偏执于某一种组合模式："寻找一种固定的组合模式并非投资的关键，投资的关键在于根据实际情况来分析某只股票的优势在哪里。"

彼得·林奇认为，确定投资的前提就是研究分析股价是否合理："如果你作出了正确的研究并且购买了价格合理的股票，那你就已经在一定程度上使你的风险降低到最小化了。"相反，如果你买入一只价格高估的股票，这是一件很不好的事情。即使该公司获得了良好的业绩，投资者依然无法从中赚钱。

彼得·林奇认为，投资必须尽量集中投资优秀企业的好股票，而不

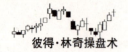

能单纯去追求多元化投资于自己不熟悉的股票。投资者应该多了解持有该公司的股票:"应该对这个公司有一定的了解,并通过研究发现这个公司拥有很好的发展前景。投资分析研究的结果可能是一只股票,也可能是多只股票符合标准,投资者必须根据自己的研究判断来决定投资组合持有股票的多少。根本没有必要由于多元化投资而投资一些自己不了解的股票,对个人投资者来说愚蠢的多元化投资就像恶魔一样可怕。"

彼得·林奇总是在不断地寻找那些值得投资的公司。当一家濒临倾家荡产的公司有新产品或是营业额比去年好,或是某项政策对该公司有利时,他就会去买入这家公司的股票。假如总的趋势对某一行业有利,他便会购买一批该行业中的公司的股票,或许是几家,或许会多达十几家。在这种机会面前,他并不一定要对一家公司进行全面深入地调查分析以后才会买它的股票,关键是先要看好这个行业。而且林奇也不限于某类股票或行业,成长股、价值股可以,金融业、制造业也行。

他要的是一个投资组合,以分散那些非系统风险,在控制风险的前提下达到期限收益的最大化。因此,彼得·林奇非常注意他的资产的灵活性和多元化,擅长以投资组合来分散投资风险。

彼得·林奇经常根据企业具体情况的变动而改变他的投资方向,因此,麦哲伦基金的多数公司存在于他的投资组合中仅一两个月而已,而整个组合里的公司一年之内至少要被翻检一次。他自称其购买的股票中如果在 3 个月以后仍有 1/4 值得保留的话,那就非常满意了。

企业会发生变化,竞争局面会发生变化,国家政策也会发生改变。一旦情况改变,就要采取行动。即使企业本身没有什么变化,但股价变了也会促使彼得·林奇采取行动。彼得·林奇非常注意企业内部管理人员买入卖出自己公司股票的举动。他认为他们买股票的原因只有一个，就是赚钱，所以当公司内部管理人员大量购买自己公司的股票时，该公司破产的几率就很小。相反，当公司管理人员大量出售该公司的股票时，则是该公司面临困境的时候了，除了快速出售该公司的股票外，别无他法。

彼得·林奇在自己所投资的公司中，最看好的是中小型的成长公司，因为中小型公司股价增值比大公司容易。一个投资组合中只要有一两个公司收益率极高，即使其他的股票亏损，也不会影响整个投资组合的战绩。

彼得·林奇还认为，为了避免一些不可预见的风险发生，只投资于一只股票是不安全的，一个小的资产组合中必须含有 3~10 只股票较为合适，这样既能够分散风险，又有可能获得更多收益。

在他自己总结的 25 条黄金规则中谈道："持有股票就像养育孩子——不要超过力所能及的范围。业余投资者大概有时间追踪 8~12 家公司。不要同时拥有 5 种以上的股票。"

应该说早期的彼得·林奇是一个疯狂的分散投资基金经理，在他所掌管的基金投资组合 1983 年共包括 900 种股票，后来增加到 1400 种。他就像一条巨大的蓝鲸，吞食一切有利于它成长的东西。但随着投资经验的增加、投资精力的下降，他越来越崇尚集中投资。

有些人认为，林奇的投资成功在于其只投资于快速增长型股票，其实林奇投资于快速增长型股票的资金从未超过基金资产的 30%~40%，余下部分被分别地投资于其他类型的股票以分散风险（林奇把股票分为 6 个类型：快速增长型股票、稳定型股票、缓慢增长型股票、隐蔽资产型股票、周期型股票以及困境反转型股票）。

"尽管我拥有 1400 只股票，但我的一半资产投资于 100 只股票，2/3 投资于 200 只股票，1% 的资金分散投资于 500 只定期调整的次优股。我一直在寻找各个领域的有价值的股票，却并不执着于某一类型

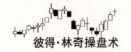

的股票。"

彼得·林奇认为，在选择分散投资的对象时应考虑下列因素：

缓慢增长型股票是低风险、低收益的股票；稳定型股票是低风险、中等收益的股票；如果你确信了资产的价值，隐蔽资产型股票是低风险、高收益的股票；周期型股票取决于投资人对周期的预期准确程度，可能是低风险、高收益，也可能是高风险、低收益。同时，十倍收益率股票易于从快速增长型或困境反转型股票中获得，这两种类型的股票都属于既是高风险又是高收益类型的股票。越是有潜力增长的股票越有可能下跌。

七、确定股票持有时间

彼得·林奇对股票持有时间把握得较为灵活，不仅坚持长期持有，而且还保持了极高的换手率。

至于股票何时卖出，在彼得·林奇看来，可以在两种情况下：一是公司的经营和业务恶化到不能挽回；二是股票已超过了本身的价值。这时投资者完全可以卖出。

彼得·林奇还建议，投资者应该将以前 20 年内的股价波动的 K 线图拿来当作参考，帮助你判断股市是否过高或者过低。在实际股票操作当中，投资者可以按照这个原则行事：在股价适当下跌时买入，在股价涨势很猛的时候卖出。

遍查许多投资大师的言论，均会看到这么一句话："买入股票难，卖出股票更难。"卖出股票就像要从围城里出来，得而复失，实在需要足够的学问来进行指引。不妨借鉴一下彼得·林奇以及其他投资大师的方法，再结合 A 股实际加以运用。

1. 卖出的原则

若说卖出股票的方法千变万化，那么卖出股票的原则却是应该秉持的。投资者在每次卖出前，不妨反省一下是否违反以下原则：

（1）避免过早卖出。彼得·林奇曾说，对于个人投资者来说，一生只有一两次机会能够抓住一只上涨 25 倍的大牛股。在一只有着超高成长性的股票上涨以后坚决持有，通常比股价下挫后坚决持有困难得多。大多数人在 2014 年底万科上升 100% 后卖出，没有想到接下来不到两年又上涨了 1500% 以上，可以说欲哭无泪。

除了投资者喜欢盈利了结，以及无法看到长远的局限影响外，股市的各种噪声也往往逼迫投资者过早卖出。各种股市评论家"涨幅过高，及时盈利了结"的轰击，往往让那些深思熟虑和意志坚定的投资者，怀疑是否应该卖出。来自你开户的券商的短信以及投资报告，也倾向于建议你将有长期上升前景的股票脱手，而买进其他股票，由于这样券商获得的经纪收入能够加倍。

在面临这种情况时，彼得·林奇的做法就是重新审视一下自己当初购买这只股票的理由，看看现在与过去相比情况是否一样，很重要的就是不要错过上涨数倍甚至数十倍的大牛股。威廉·江恩也强调说："没有充分的理由不要平仓。"

（2）交易限额原则。亚历山大·埃尔德讲过："你在交易，就是在与世界上最聪明的人打交道。"再杰出的投资者也可能输，作为新手就可能输得更多。所以第一个目标是能长期生存下来，第二个目标是资产的稳定增长，第三个目标才是获得高额收益。这三者是有优先顺序的。

为了生存才能求发展，投资大师们一再强调一次不要用过多的资本去冒险。威廉·江恩把一次投资占总资本的比例上限定为 10%，亚历山大·埃尔德则建议将下挫风险锁定在 2% 以下，更为成功的投资者甚至可能锁定在 1%~1.5%。

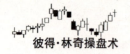
2. 卖出的心态

卖出的时候最难克服的就是人的情绪影响。股票操作是一种高难度的游戏，投资者要想获得长期成功，态度就必须严肃认真，就如同做外科手术似的。若不老到，或者在内心深处某些情绪的驱使下进行操作，那么赔钱的概率会更大。贪婪与恐惧会影响投资者对卖出时的机会与危险的识别。

（1）不要爱上你的股票。亚历山大·埃尔德讲过："卖出的难处在于我们对仓位的依恋……任何东西一旦被我们拥有，自然就会对它产生依恋。"投资者应该随时保持客观，若某只股票已经不具备当时买入它的理由，那么无论你多么喜欢这家公司或者它曾带给你过多大的收益，都必须把它卖出。

（2）将钱从决策中分开。不要考虑你想赚多少或者亏损多少。杰出的投资者总是在不断地完善自己的技能，用全部的时间确定市场的正确趋势，而不是考虑利润。假如关于市场的判断是正确的，利润就会自动到来。投资者的成功在于他逐渐积累财富的能力，而不是一次能够赚多少钱。

很多 A 股投资者抱着在一周或一个月内将资金翻倍的想法入市，这是非常危险的。由于市场在很多时候是正常运动的，在很多时候只能赚到正常的利润。即便抓住了一次天赐良机，也不该因此想入非非，臆想不断获得如此大幅度的利润。这会让你陷入兴奋而作出不客观的决断。

（3）心平气和地做一个卖家。不应当在疲劳或沮丧时交易。一旦你意识到自己脑海里闪着狂热或恐惧的时候，就要停止操作。对一个卖家来说，你的成功或者失败则取决于你控制情绪的能力。心态平和、放松的投资者才能集中精力寻找最好的、最安全的卖出机会。杰出的卖家，应该永远保持谦虚谨慎，以免焦躁冒进。亚历山大·埃尔德提出

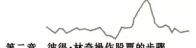

的一种心智训练方法就是，即便你当日从市场上赚得 100% 以上，次日你还是要对自己说："早上好，我是××，我是输方，我还不能找到避免输钱的方法。"

3. 卖出的时机

卖出的重要方面就是时机的选择，而择时不仅是一种科学也是一种艺术，我们不仅要借鉴先辈的经验，而且还要在实践中领悟和确认。

（1）发现更好的机会。对追求绝对收益的投资者来说，卖出有的时候并不是因为原有股票表现不好，而是发现了更好或者更具有确定性的机会。彼得·林奇把它作为其卖出的重要依据："90% 的情况下，我卖出股票是由于找到了那些发展前景更好的公司的股票，特别是我手中持有的公司原来预期的发展情景看起来不太可能实现时。"连最反对轻易换手的巴菲特也赞成这种换手："有的时候我们会卖出一些估价得当甚至被低估的股票，由于我们需要资金用于价值被低估得多的投资，或是我们相信我们更了解的投资。"一些业绩出色的 A 股基金之所以换手率太高，与这不无关系。

（2）卖出快速增长型公司。彼得·林奇通常强调一句话："像思考什么时候购买股票一样思考什么时候卖出股票。"威廉·江恩也讲道："用你买入同样的原因去卖。"卖出的重要时机是这只股票不再符合原来买入它时的理由。盈利年增长率为 20%~25% 的公司，通常可界定为快速增长型公司。这则是彼得·林奇喜欢的公司类型，然而彼得·林奇认为，假如公司已经停止建立新的分支机构或分店，大多数分析师或媒体都对其进行吹捧，机构投资者持有其大部分股票，或是其年度市盈率高到让人无法接受的程度（比如超过 100 倍）时，这个公司就不太可能再成为快速增长型公司，这就是卖出的时候。巴菲特也认为，对于快速增长型的公司（比如可口可乐），关键在于在其市场扩张到足够盈利的规模前买进，到市场饱和的时候卖出。

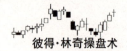

（3）卖出周期型公司。周期型公司主要是指那些销售与盈利状况随经济周期而起伏的公司。彼得·林奇认为，扩张周期结束之前（最好可以再提前一些），成本增长与工厂满负荷运营，公司存货持续增加，大宗商品价格下跌尤其是商品期货价格低于现货价格，公司产品的最终需求正在下跌，或是将有一系列竞争对手进入时，则是卖出周期型公司的时机。

（4）在泡沫市中应当卖出。在泡沫市中什么时候卖出是永远的难题，由于泡沫是获得盈利的好机会，然而无人知道泡沫什么时候破灭。一段时间之前，大多数机构投资者认为传统的 PE（市盈率）估值模式已经不适合 A 股，应该运用 PEG（动态市盈率，也即市盈率与增长比率）模式替代，然而目前连 PEG 模式也很难解释 A 股的高市盈率了，这无疑可部分认定 A 股绝对有泡沫；而政府和业界对泡沫的警惕试图抑制，又说明 A 股还未进入全面泡沫化的阶段。杰里米·西格尔认为，投资者可以通过某些现象来确认泡沫是否存在：广泛并且快速升温的媒体报道；缺少利润甚至收入方面的依据，仅仅是建立在一些概念和名号之上的高得出奇的定价；以及认为世界已经出现根本性的变化，所以某些公司不能再依照传统方法进行评估的观念。当判定出一个泡沫之后，必须马上停止向泡沫中的公司或产业投资。假如你持有的股票正处于市场狂热状态中，应该迅速抛出股票，把利润转化为现金。

4. 卖出的方式

卖出在方式上也很有讲究，这里只拣大师们通常强调的两种做法，供大家参考。

（1）用止损单卖出。在你进行一笔交易的时候，你有可能是错了的；因此你必须知道做什么来纠正你的错误——这是江恩规则一的内容。威廉·江恩为此提出的解决方案是，永远以买入价下方的止损单来保护交易。止损单尽管可能让你错误地离场一次，然而它会在下面九

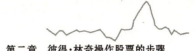

次让你正确地脱身来弥补。保护盈利与保护资本同等重要，永远不该让盈利变成亏损。大多数大投机家之所以会聚敛了巨额财富而又统统输掉，在相当程度上就是由于他们没有采用止损措施。威廉·江恩和亚历山大·埃尔德都不断地强调用止盈单保护盈利。既得利润的大小决定了止损单设置于什么地方，有必要随着盈利的持续增加，同方向持续上移止盈单。浮动获利越大，止盈单就越可以远离盈亏平衡点。那么，止损原则如何运用到 A 股呢？A 股的交易系统是区别于海外的，在大多人抢盘买入时，设立低于买入价的止损单，极容易立即以市价成交，这使在 A 股交易中无法设置止损单，却应该练就止损意识。即脑中要有个止损的价位，市价一运行至止损价，应立即以市价发出卖出委托。这种意识练就之后，可能比止损单更管用。

（2）市价委托原则。卖出交易有许多技巧值得总结，譬如是应该运用市价委托还是限价委托呢？威廉·江恩主张不要限制自己的委托，或运用固定价格买卖。必须尽可能用市价委托，以顺市场趋势而为。A 股交易系统只可以选择市价委托。

第三章　彼得·林奇操作股票的盈利法则

彼得·林奇的成功关键就是，找到了能够上涨的 10 倍股。他在他的自传中谈及一只能涨 10 倍的股票（Tenbagger）的意义："在规模较小的投资组合中，即便只有一只股票表现突出，也能够把一个赔钱的资产组合转变为一个赚钱的资产组合。"彼得·林奇主要有这些盈利方法：抓住中小型的成长型公司；从冷门股中掘金；寻找那种拥有利基的公司；挖掘公司隐蔽性资产。

一、成功的关键是找到了能涨的 10 倍股

彼得·林奇的成功关键就是，找到了能够上涨的 10 倍股。他在他的自传中谈及一只能涨 10 倍的股票（Tenbagger）的意义："在规模较小的投资组合中，即便只有一只股票表现突出，也能够把一个赔钱的资产组合转变为一个赚钱的资产组合。"

他认为，"作为业余选股者，根本不必寻找 50~100 只能赚钱的好股票，只要 10 年里能找出两三只赚钱的大牛股，所付出的努力就很值得的。"

Tenbagger（长线牛股）指的是持续的高复合增长率造就的。彼得·林奇指出了 Tenbagger 的关键所在，假如估值不变，当盈利年增长率超

过 25%时，10 年期间公司的盈利与股票价格将上升大概 10 倍。

彼得·林奇还指出，Tenbagger 股票共同的特点是所处行业具有日益扩大的市场空间，只要公司具有竞争优势，就可以分享市场带来的收益。

比如 Stop&Shop 公司的股票就是这种长线牛股。彼得·林奇原来认为 Stop&Shop 公司的股票至多能让自己获得 30%~40%的利润，结果却从中获取了 10 倍以上的惊人利润。原先 Stop&Shop 仅仅是一家比较普通的上市公司，当时股价正在持续地下挫，1979 年林奇只是看中了这家公司具有较高的股息收益率才买入其股票，而该公司的发展前景变得越来越好，公司的超市与 Bradlee 折扣店业务都是如此。最初他以每股 4 美元买入这只股票，1988 年当该公司被收购私有化时股价上涨至每股 44 美元。

至于彼得·林奇如何选择 10 倍的大牛股，完全与普通投资者的观点不相同。很多投资者到快速增长行业中寻找大牛股，然而他却认为一个增长为零甚至为负的行业中，更容易找出大牛股。大多数投资者到新兴、高科技行业里寻找大牛股，然而他却认为主营乏味的公司更易产生牛股。大家看一看林奇所说的一些大牛股：

Dunk's Donuts：这是一个加工甜甜圈的食品公司。上涨了 6 倍。

Sbaru：这是一家汽车公司，远不如通用电气有名气。假如持有到 1983 年上涨了 20 倍，假如持有到 1986 年上涨 156 倍。

The Gap：生产牛仔裤的公司。从 18 美元上涨到 467 美元。

La Quinta：汽车旅馆公司。10 年的时间每股从 23 美元上涨到 4363 美元。

苹果电脑公司：从 1982 年的 2000 美元到 1987 年就是 10 倍的收益。

Hane：这是一个生产长筒丝袜的公司，林奇从中赚了 6 倍，假如

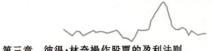

它不被兼并的话，就能够上涨 50 倍。当然这只是一个假设。

这些公司大多数都是与消费品有关的公司，如食品、牛仔裤、汽车旅馆以及长筒袜等，它们尽管没有高科技的招牌，却是大家必需的消费品。

什么样的公司可以成为"Tenbagger"的理想公司呢？我们不妨来看一看林奇所认为的可以成为理想公司的 13 个特点：

（1）名字听起来非常傻，或者非常可笑。

（2）公司的业务属于"乏味型"。

（3）公司的业务"让人厌恶"。

（4）从大公司中出来的新独立公司。

（5）被大家忽视的公司。

（6）与有毒垃圾或者黑手党有牵连的诸多传闻。

（7）经营的业务令人感到很郁闷。

（8）处于一个增长为零的行业中。

（9）它要有一个壁垒。

（10）人们需要不断地购买该公司的产品。

（11）它是高科技产品的用户。

（12）公司的员工都购买它。

（13）公司在回购自己的股票。

那么，我们怎样去发现未来的大牛股？

彼得·林奇说："实际上大多数 10 倍股都来自于大家很熟悉的公司。"10 年 10 倍股并不是远在天边，而是近在眼前。

林奇认为，个人投资者既不需要四处打听内幕消息，甚至也不需要有太多的专业知识。投资者需要的只是多观察和多思考，从自己非常熟悉的生活中，就能够发现很多大牛股。

林奇特别指出的是，对于大多数投资者认为极有可能成为大牛股

的一些公司，林奇认为刚好是投资中最危险的公司，投资者应该回避：热门行业中热门个股；被吹捧为某某第二的公司；被"小声议论的"的股票；"多元化失败"的公司；单一供应商公司与名字花里胡哨的公司。归根到底，投资的成功不仅要抓住能上涨10倍的大牛股，还要尽可能地回避让投资者大幅度亏损的大熊股。

同时，他还强调两点：一是投资需要耐心，不要想持有一个公司股票几天赚10倍，10倍的股票也有下跌的时候，然而只要你耐心地持有，它就是给你下蛋的金鸡。二是好股票不等于好公司和大公司，蓝筹股并不能一向都表现很好。有特色的公司更加有利可图。在这个市场上有特色的公司比较多，不要等待基金经理们将它们抬高了你再去购买。

林奇认为，他之所以能"10年赚10倍"，是由于他发现了理想的公司，这涉及将一个投资法则落实到具体选股的环节上。当然，每个投资者应该都有自己心中理想公司的样子，这些公司业绩增长稳定、公司治理完善并且能够给投资带来高额的回报等。

因为市场有很多股票在较长时间内（譬如10年以上）均会有上涨10倍的表现，所以市场上流行的所谓10倍股应该是指那些可以在短时间内就能有爆发性增长的股票。此类股票往往是规模尚小、属于高速增长行业、竞争力极其突出的公司股票，譬如处在新兴的家电零售连锁业态的先行者苏宁电器（002024）在2004年上市后3年时间里股价就上升了30多倍。10倍股无法依靠短期的投机炒作造就，应该要有坚实的基本面作为依托，才能连续不断地吸引投资者推高股价。找出10倍股是每个投资者，特别是挑选成长股人士的目标，然而，即使一只股票可以在短时间内上涨10倍以上，然而并不是所有之前买入的投资者都可以持有到最后，这需要投资者的眼光与耐心。在《彼得·林奇成功投资》一书中对10倍股作出了详细描述：

10 倍股，就是上升到你最初买入价格 10 倍的大牛股，将 1 万元变成 10 万元，100 万元变为 1000 万元，1000 万元变为 1 亿元。个人投资人往往会买几十只股票，假如找到了一只 10 倍股，会让你的整个组合收益率大幅提升。如果你一共买了 10 只股票，其他 9 只全部不能赚到一分钱，那是极其不幸运了，然而有一只成了 10 倍股，就会让你的整个组合市值同样翻番。在大牛市找出一只 10 倍股会让你业绩大幅领先，在熊市找出一只 10 倍股会让你业绩遥遥领先。

根据有关统计数据表明，从 2014 年 7 月 1 日以来，A 股一共有 12 只股票股价涨幅达 10 倍以上，孕育 10 倍股的行业，将来哪些行业有可能诞生 10 倍大牛股呢？

首先，行业本身应该具有高成长性和独特性，而企业在行业中必须拥有相对垄断的地位或者具有话语权与定价权，这样的行业中的龙头成为 10 倍股的可能性就会更大。

A 股已进入成长投资的阶段。低市盈率的周期股与大盘股下一阶段或许还有交易性的机会，然而已经是"结束的开始"。中国经济去杠杆化的过程，同时也是经济升级和转型的过程。其中，新兴行业和制造业升级是推动经济转型的两大突破方向。

未来 10 年，中国经济增长要注重于消费、制造业升级以及新兴产业。然而近 2~3 年的市场不会有大行情，只有结构性机会。可是结构性机会要看成长股，想要赚到企业估值提升的收益非常难，但是应该能从企业成长的收益中获利。

一是制造业升级。制造业在以往 3 年诞生了很多 10 倍牛股，将来，此行业还有多少牛股值得期待？因本质上受制于传统的经济增长模式，中国要实现持续的增长应该对制造业进行转型。当前低端劳动力工资连续上涨，大宗商品价格也暴涨，中国中低端制造业正在渐渐丧失其成本优势。现阶段就是制造业升级的有利时机。对于一个中游

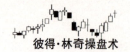
行业来说，不少优秀的制造业企业均具有长期成长性。至于具体的行业可以重点关注三类行业：第一，国内已经应用广泛、技术最成熟、积累最扎实、走入国际市场后可凭借卓越性价比快速打开市场、有望诞生全球龙头的细分行业，比如工程机械、通信设备、高铁、煤机等。第二，将来国内需求大、景气度高、政策支持、符合转型方向的细分行业，譬如节能减排设备、清洁能源设备、智能电网、视频监控、光通信、数控机床、自动化与工控设备及航天军工等。第三，承接国际产业链转移的进口代替，比如电子元器件以及计算机设备中的一些细分行业。

二是大消费。正像彼得·林奇所说，"10倍股"企业实际上就在"家附近、大型购物中心、工作的地方"。而对于个人投资者来说，极易从身边挖掘到的牛股，则是大消费行业中的卓越公司。将来10年，中国中产阶层和富裕消费者数量将从1.5亿增长至4亿以上，市场上将会诞生一批优秀的消费类企业。这些企业有坚实的基本面作为依托，他们了解中国消费者的嗜好，具有独特的产品，有很广阔的销售通路，有着很好的公司治理结构、卓越的管理团队、属于自己的核心竞争力以及很好的现金流，将来的大牛股将会从中诞生。譬如医药消费的投资机会。因为我国的人口基数巨大，当前正进入老龄化社会，再加之我国是高储蓄国家，将来3~5年，甚至10年，医疗保健行业面临很大的机会。尽管医药行业未来景气度很好，然而医药行业相对分散，细分子行业很多，要在景气的行业找出确定的投资品种，找到穿越市场周期的企业。将来能增长10倍的医药股，应该寻找那些有独家品种、具有定价权、能够担当行业整合的、有壁垒的、已建立好成熟的销售渠道以及有品牌的企业。

三是新兴产业。在《国务院关于加快培育和发展战略性新兴产业的决定》出台之后，节能环保、新一代信息技术、新能源、新材料等

七大新兴产业就成为将来五年甚至更长的时间里引导我国科技革命的先行军。每个时段的国家战略和资金博弈均决定了将来市场行情的好坏和奠定将来牛市产生的基础，不能以同一个尺子量以往 10 年和将来 10 年。能成长为将来 10 倍的大牛股，其所处的行业一定是符合行业周期与政策周期的。将来这些诞生大牛股的行业很可能就是新兴战略产业，从长期来讲，这些行业将存在巨大的机会。在新兴产业之中，特别看好新材料公司的爆发力，一旦材料的运用方向被打开，销售就会呈现出裂变式的增长，成长为大牛股的机会极高。

那么，10 倍股具有哪些基因？

第一基因，资源垄断。彼得·林奇在讲述 10 倍股逻辑时曾说："相比较来说，我更愿意拥有一家地方性石料加工场的股票，而不愿意拥有 20 世纪福克斯公司的股票。由于电影公司的竞争对手很多，而石料加工场却有一个'领地'：在它占据的领地内没有其他竞争对手。"而这些拥有自己"领地"的公司，就是我们通常说的垄断企业。"没有什么能描述排他性独家经营权的价值，一旦你取得了排他性独家经营权，你就能够提高价格。"彼得·林奇阐述说。观察以往 3 年 A 股中的 10 倍股也可以发现，垄断企业与龙头企业成为 10 倍股并不少见。

比如包钢稀土是 10 倍股中典型的资源垄断型企业，垄断了我国乃至世界上最大的稀土产业基地，在 2008 年 11 月 7 日股价见底以后，随着稀土价格的快速上升，稀土行业进入黄金时代，该股也首先成为稀土行情中的第一大牛股，3 年来它的最大涨幅一度超过 20 倍，截至 2011 年 9 月 29 日，其 3 年来的累计涨幅也达到了 9.89 倍。

第二基因，小盘股起家。提及小盘股，这里有成长为大牛股的故事，A 股中极其典型的莫过于苏宁电器（002024.SZ），股本从 9300 多万股增加到 70 亿股，扩张近 70 倍，最终成长为蓝筹公司。而以往 3 年最大涨幅曾超过 10 倍的 58 只股票中，总股本低于 5 亿股的中小盘

股达到 47 只，所占比例超过 80%，成为 10 倍股的绝对主力，其中总股本小于 3 亿股的公司也有 21 家之多。小盘股中极易出现"隐形冠军"，在"隐形冠军"理论中，全球最卓越的企业更多是一些闷声发大财的行业冠军企业，这些企业在同类市场份额中占据第一或第二，然而通常只是知名度不高的中小企业，中小企业很多处于生命周期的成长阶段，有着较大的扩张潜力。若从产业发展的角度来看，中小盘上市公司大多数分布在国家鼓励支持的行业，能够享受国家产业扶持政策，譬如新兴产业等公司许多是中小盘股。

第三基因，产业大势。在股票操作中，随波逐流并不是贬义词，用另一个词来解读，则是"顺势而为"，如果你一旦看准了市场趋势，那么你的操作事半功倍。以往 3 年的 10 倍股中也能够发现这一点，造就 10 倍牛股的因素，除了公司基本面因素以外，国家政策以及市场潮流等外因一定不可缺少。中恒集团之所以在以往 3 年成为大牛股，跟医药生物行业成为"十二五"以及新兴产业规划重点"关照"对象的背景密不可分。东方锆业在以往 3 年最高暴涨 13 倍的牛股历史，来源于核能源在新能源产业政策中的优势地位，而其后来股价的回归，也正是来源于市场对核能源的二次评估。除此以外，稀土、锂电池以及保障房等，之前 3 年每一次经济的热点、政策的出台也均可能带动一家优秀公司加速步入牛股的行列。

第四基因，资产重组。假如说 A 股的 10 倍股最具有中国特色的，那么毫无疑问则是其中的重组股了。"公募一哥"王亚伟曾说，对重组股的机会不能视而不见。在 21 只累计涨幅超过 8 倍的个股当中，重组过的公司就有 4 家，跟重组相关的公司有 2 家，还有 1 家当前正由于资产重组处于停牌当中，简而言之，有将近 7 只 10 倍股跟重组有关联，比例为 33%。而在 58 只 3 年区间最高涨幅曾超过 10 倍的个股中，则有 16 家公司与重组或者资产注入有关联，比例为 27%。由此

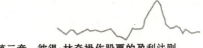

可见，回避重组股，那么就等于错过了市场中将近 1/3 的 10 倍股。

表 3-1　本轮牛市 10 倍股名单

证券简称	2014 年 7 月 1 日以来涨幅（%）	行业	2014 年 7 月 1 日以来（亿元）
暴风科技	2623.7	传媒	次新股
中科曙光	1926.6	计算机	次新股
中文在线	1755.0	传媒	次新股
龙生股份	1578.1	汽车	14.46
兰石重装	1555.7	机械设备	次新股
京天利	1527.6	计算机	次新股
同花顺	1478.0	计算机	38.28
如意集团	1311.0	商业贸易	16.61
恒顺众昇	1190.7	电气设备	23.88
中科金财	1189.5	计算机	29.89
南通科技	1004.6	机械设备	19.33
浙江众成	1001.1	轻工制造	31.36

二、赚钱的最好方法是抓住中小型的成长型公司

彼得·林奇在其《战胜华尔街》中曾说道："投资大、小公司均可以赚钱，然而如果你专注于小公司，你极可能取得惊人的回报！'小的'不但是美丽的，而且是最能够赚钱的。"

彼得·林奇所经营的麦哲伦基金多达 1400 种股票，在这些股票类型当中，大多是林奇期望获得收益为 200%~300% 的中小型的成长股。在他投资的股票中，中小型的成长型公司是最稳定的，因为中小型公司股价增值比大公司更容易。在一个投资组合中只要有一两家公司收益率很高，即便其他的股票赔钱，也不会影响整个投资组合的收益。

中小型成长股是林奇最喜欢的股票类型，他认为，想赚钱的最佳方法，就是将钱投入一家中小型的成长型公司，这家公司在近几年之内一直都在盈利，而且将持续地成长。

因此林奇认为，小公司比大公司具有更大的成长潜力。小公司更

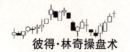

容易扩张规模，而大公司扩张能力十分有限。他如此说道："我们能发现公司规模大并不表明它股票的涨幅就大。在某种产品市场其经营可能会比较好，然而投资小公司的股票才有可能获得最大的收益。在正常情况下，拥有数十亿美元资产的大公司比如可口可乐公司等，它们的股票不可能在很短时间内上涨 10 倍。由于这家公司的规模这样庞大，所以它的股票只能慢慢地上涨。在其他条件都一样的情况下买进小公司的股票能获得更好的回报。"

譬如像星巴克斯一样的小公司与通用电气公司相比，前者规模增加一倍比后者来得更容易。

说起成长股，大家自然会联想到高科技公司的股票，20 世纪 90 年代美国科技股曾辉煌一时，有的美国科技公司甚至创造了市盈率 500 倍的纪录，可见其股价估值过高。林奇对高科技股票却主动回避。当然，在美国走向后工业化时代的转型中，成长股到处都是，服务业表现特别突出。在林奇看来，餐饮连锁公司与零售公司通过全国扩张，能在 10~15 年之内保持 20% 的年增长速度，也就是 3 年能够翻 1 倍。它们不仅和高科技公司一样具有快速增长、高收益，而且风险比较小。为此他还发现了"72 原则"，那就是投资年回报率除以 72，等于资产翻 1 倍需要的年数。譬如 25% 的投资回报率 3 年翻倍，15% 则是 5 年。林奇认为，抓住成长股的关键是，要确定该公司的扩张期是否走到头了，是否能抓住"最后的机会"。

林奇强调："对于小公司来说，最好等到它们有利润以后再投资。"

由此可见，成长型小企业具有很多的机会，但同样存在着很多的风险，大多数小公司在市场的大潮中被淘汰了，活下来的仅仅是很少数的成功者，获得最初的获利能力是具备生存能力的一个基本尺度。

股价与公司的成长是彼此相关联的，一个小公司成长 10 倍，其股价有可能翻 20 倍，虽然长期高速增长是不可靠的甚至是危险的，然而

由于小公司的起步基数小，面对庞大的市场，连续几年的高速增长是能够做到的，假如投资者可以提前发现一个新兴产业中的有强大竞争实力注定会成为产业巨人的小公司，毫无疑问就是找到了一个巨大的金矿。

随着我国经济转型和国家大力发展中小板、创业板市场，将来中国资本市场中小型股票数量将出现指数级的增长。这些企业大多数是隐形冠军或者新兴先进制造业细分龙头，行业处于起步阶段，发展空间很大。这些企业往往具有先发优势和比较强的竞争力，可能为投资者带来许多的新机会。当然大多数中小型企业并不具备长期投资价值，一些还有很大的潜在风险，然而这并不妨碍从中找出类似苏宁、腾讯这样具有壁垒并且市场空间巨大的超级成长股。

寻找优秀中小型企业的第一原则依然是确定性。稳定性、可持续性、壁垒和广阔的市场空间都是缺一不可的。质优的中小企业也是极少的，不能由于短期或局部的少许优势就妄下判断。中小企业很多经营历史较短，不断深入地跟踪是必须的，只有那些有着可持续竞争优势的企业才真正具有长期投资价值，这样的企业非常少。尽管困难，然而只要坚持保守的原则谨慎甄别，中小企业中也能找到既安全又能获取高额回报的股票。

进入门槛比较低、技术含量不太高，几条生产线就能够快速大规模生产的热门行业，即便拥有广阔的行业成长空间，企业也不一定能获得好的回报。这些行业往往会成为关注的焦点，诱人的前景吸引很多产业资本蜂拥而入，行业迅速进入产能过剩阶段，企业利润被快速压缩，无法产生真正好的投资机会。IT行业不管是软件还是硬件都容易产生过度竞争，即便收入不断增长，利润也会由于价格战或技术升级而增长缓慢甚至日渐微薄。比如汉王科技主业增长乏力，2009年依靠电子书呈现爆发性增长，然而与其他电子消费品一样，电子书迅速

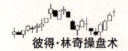

就会进入白热化竞争，好光景可能仅仅有两三年时间。又比如新能源行业的多晶硅，前两年行业高度繁荣，当前已经大量过剩，价格暴挫。

此外也不能盲目相信单纯的技术壁垒，除了类似医药行业的专利保护，中国大多数的技术壁垒都是脆弱的或是虚假的。新的商业模式、区域性、综合性技术以及实体网络等结构性壁垒形成的护城河反而更有着持续性和稳定性。有着结构性壁垒、增长速度较快的高端先进制造业，细分行业容量不大，不会成为资本追逐的对象，可能出现比较好的投资机会。投入产出需要很长时间或营运生产比较复杂的高成长行业，因为资本的急功近利而被忽略，行业竞争者很少，龙头企业往往具有较大的领先优势。

例如，怡亚通这种盈利能力建立在空中楼阁上的企业，即便规模能持续做大，也不一定能取得高利润。很大的不确定性可能带来丰厚的回报，也可能一无所获甚至大量的亏损。投资者的盲目乐观预期一旦被粉碎，高估值将产生巨大的损失，长期的等待也会导致较高的时间成本，必须回避这种不稳定而且前景难测的中小型企业。

不同的投资风格与风险嗜好可以选择不同类型的投资对象，按照确定性和风险的差异，值得关注的中小型上市公司大概分为如下几类：

第一种，竞争优势明显，迅速成长。有着比较高的结构性或者品牌壁垒，稳定的长期市场环境，较强的扩张性以及较高的增长速度，盈利能力强并且具有可持续性，行业出现过度竞争的概率比较低。譬如七匹狼、格林美、爱尔眼科有潜力成为这样的企业。

第二种，具有较强的竞争优势，稳定成长。有着一定壁垒，行业竞争格局稳定，细分行业龙头具有比较大优势。然而因市场容量较小，行业增速不高，难有爆发性成长，盈利长期稳定增长。比如机器人、钢研高纳、桂林三金。

第三种，阶段性的竞争优势，迅速成长。有着确定性极高的阶段

性高成长，而且新竞争者无法快速进入。细分行业龙头有先发优势，并且因为行政保护、地域性以及产业链的复杂性使新入者进入行业需时比较长，时间差让龙头企业能充分享受行业高成长带来的收益。譬如东方园林、信立泰、红日药业、东方雨虹、吉峰农机。

第四种，竞争优势不明显，行业性高增长。大体上没有壁垒，然而行业爆发性高成长带来阶段性机会，高成长弥补了企业自身的不足，同时因所处并不是热门行业，高增长不容易快速引发过度竞争，譬如三维丝、鱼跃医疗。

真正杰出的企业凤毛麟角，投资者必须要火眼金睛仔细辨别。新上市企业均有过度包装之嫌，不要被漂亮的报表、宏图伟愿以及股价的短期升跌迷惑。招股说明书会将前景描绘得引人入胜，然而大多数企业却通常是富不过三年，刚上市的一两年维持高速成长，第三年增速就大幅下滑甚至负增长。投资者不应当盲目相信管理层或研究报告，必须依据所处行业的产业特征和竞争态势，结合企业的实际情况作出独立判断。无较大把握的就不要急于投资，对企业加以充分的考察直至真正充分了解为止。

中小企业往往存在不确定性，投资时必须严格控制投资比例。不管成长性有多高，均不能以钻石的价格买金子。目前很多中小型股票均在以"市梦率"交易，盲目买进未来戴维斯双杀很可能带来很大损失。无安全边际，没有合适的价格，唯一要做的则是耐心等待，宁可错过不可做错。以后还会有很多的新上市企业，目前的高估值也不可能一直维持，价值回归不可避免，只要有巨大的耐心不必担心会错过真正的金子。

三、从冷门股中掘金

冷门股票通常是那些交易量小、周转率较低、流通性较差、股价

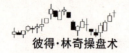

变动幅度较小、很少人问津的股票，其主要以横盘为主，这种股票的上市公司经营业绩通常不好，投资有比较大的风险。对初涉股市者而言，通常不要轻易投资冷门股。冷门股票另外一种情况则是前一段时间大幅上升，接着不断地震荡下跌。然而冷门股也不是绝对冷，有的时候遇上机遇，"爆出冷门"的情况也会有的。

可是彼得·林奇对无人问津的冷门股却表现出巨大的热情："假如你找到了一只几乎不曾被机构投资者问津的股票，你就会找到一只很有可能赚钱的股票。若你找到一家公司，它既没有被分析师们访问过又没有专家认可它，那么你赚钱的机会便会大了一倍。"

林奇向来看好被冷落的有发展潜力的公司，他也在这类公司中获得很大的好处。他认为，投资于这样的公司的风险要比投资于热门行业的热门股票的风险小得多。

林奇发现找到冷门股有这样一个规律：那些业务使人感到很乏味、厌烦甚至郁闷的公司股票，是很少人问津的冷门股，却最终会成为股价持续上涨的大牛股。

他认为，非热门行业的有潜力的公司能够给投资者带来高盈利，其主要原因是，很多投资者并不关注这类股票，投资于这类股票的人极少，因此先购买它的投资者以很低的价格就能够买到该股票，这样会极大地降低投资者的初期投资成本。有发展潜力的冷门股票在呈现增长趋势前通常表现比较平淡，股价也往往在低位徘徊，这十分有利于投资者运用有限的成本构造出较高的仓位。还有一个很重要的原因就是盈利能力是决定一个公司股价走势的最终因素。假定非热门行业的好公司经营有方，就可以获得很稳定的利润和业绩，那么它的股票必然会吸引很多投资者，并且令其股价大幅度上涨，因此在初期建立仓位的投资者会由此获得丰厚的收益。不过，这种投资获利是基于长期投资的，假如投资者不接受长期投资而是关注短期投资，关注热门股票与热门行业，是不会在冷门行业的有潜力的公司的投资中获得收益的。

回避热门行业里的热门股票是彼得·林奇对投资者的忠告，反之，那些被冷落、不再增长的行业里的好公司则是彼得·林奇提醒投资者必须重点关注的板块。

在股市打拼，非常激动人心、期望出现的结果，必然是赶上热点、骑上"黑马"，获得短线暴利。但是，并不是人人都能把握热点、驾驭"黑马"，特别是对于处于相对弱势的普通散户而言，把握起来就更为困难。

那么，作为个人投资者，无法把握热点、驾驭不了"黑马"，是否就注定要处于弱势、被动地位而成不了赢家？回答是否定的。与风靡一时的"热门股"相比较，"冷门股"实际上也是座难得的"金矿"。只要掌握得当，操作"冷门股"的收益未必比"热门股"差。

投资"冷门股"，第一必须注意品种选择、总量控制。通常情况下，要选择那些基本面较好、调整幅度比较大、没有被市场爆炒过、自己长期跟踪、股性比较熟悉的股票。投资时，采用逢低分批的方式买入。

投资"冷门股"，第二必须注意快进快出、见好就收。因买入的"冷门股"，投资策略定位的是短线，目的是赚取差价，所以要特别注意防止"由短变长"、造成被动，要尽量地少坐电梯、做足差价。

投资"冷门股"，第三必须防止患得患失、追涨杀跌。个人投资者操作时一个共性的弱点是患得患失，上涨时怕再涨———不敢卖出，下跌时怕还跌———不敢买入，心一软、手一慢，出手的好时机通常一而再、再而三地错失。这是其一。弱点之二是追涨杀跌，刚卖出的股票，见一个劲地上涨，因此忍不住以更高的价格买入，一不小心，做了反差；刚买入的股票，不涨反跌，因此担心它跌了还跌，把它卖

了，不知不觉，卖在了"地板价"。正确的投资方法是，对于卖出的股票，能跌最好，不跌也罢，然而绝不追高买入；反之，要越涨越卖（长线仓位除外）。

不过，尽管技术再老道的高手，在投资"冷门股"时也不可能有百分之百的胜算，也难免会有失误的时候，更何况短线投资的是"冷门股"。当然，这样的"冷门股"因本身已在低位，长期深套的可能性不大，所以通常不宜采取"止损术"。假如买入后不幸被套，可以暂时放上一段时间，若有低位出现还可适量补仓，只需把期望的差价区间、波动中轴适当下移即可，并不影响"高抛低吸"做差价。

若要挖掘的话，最好的策略是：热门中寻找冷门股，冷门中寻找热门股。投资者应寻找与行业独特和走势独特类似的股票。首先选行业，其次再选业绩，最后再分析走势图和成交量的变化。

那么，怎样选择冷门股？

对于公司经营状况不好的冷门股来说，最好不要购买，由于最终股价能否上涨取决于公司是否盈利，投资一家经营状况不好公司的股票无法得到预期回报。投资者更不要贪图冷门股的低价位，由于对该类股感兴趣的人数极少，其股价自然无法上涨。

对于由于受外部因素影响的冷门股来说，假如股票具备如下条件，可以适当进行关注：

（1）公司经营没有发生重大危机，成长前景没有出现恶化的迹象。

（2）市盈率要比同行业的股票低。

（3）成交量渐渐有放大走出低迷状态的迹象。

如何避开冷门股的陷阱？

我们不能由于股票的冷热程度不同，而把一个股票的价值迎合市场心理地去随意调整。

有的热门股，尽管一直涨，然而只要其内在价值不断地提高，并且始终高于市价，那么我们仍可以把它列入低估的范畴。

同样，有的冷门股，尽管一路下跌，然而只要其内在价值不断丧失，并且仍大大低于市价，那么我们仍然可以把它列入高估的范畴。

依据实践经验，既然过去它们热门过，就有热门的原因。当这些热门股经历了长期的深跌变冷之后，剔除掉那些的确不行的，找到那些企业基本面很好的，只要买得够便宜，并且业绩的确实现了好转变持续成长，将来，大众又会重新回忆起自己所看好的理由，而且，此时的看好，不再是过去那种泡沫概念，而是确实的业绩支撑，大众就会更加有信心，也会更为疯狂。

具体来说，有如下几条标准：

第一条保险绳是行业必须要有远大前景。有远大前景的行业既包括一些传统行业，譬如有长期稳定需求的酒、药、快速消费品等行业，又包括新兴产业，譬如环保等，这是安全投资的首要保证。

第二条保险绳是目标要是细分行业。龙头行业地位最好是排名前一、二名（稳定快销行业可适当放宽排名标准），往往这种龙头企业能够成为长跑冠军，其他大多数是失败者、淘汰者，这是安全投资的长期保证。

第三条保险绳是企业要真的会赚钱。毛利率要高，销售收入最好能迅速增长（不排除短期遇到困境，但长期需要依然很大），不会赚钱的企业绝不是一个好的交易对象。

四、寻找那种拥有利基的公司

彼得·林奇对拥有利基的优势公司情有独钟："我总是在寻找这种拥有'利基'的公司，理想的公司都要有一个'利基'。这种利基使公司获得了能在所在市场领域中形成的一种排他性独家经营权。这种排他性独家经营权正是我所寻找的阿拉丁神灯：没有什么能够描述排他

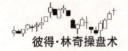

性独家经营权的价值……一旦你取得了排他性独家经营权，你就能提高价格。"

彼得·林奇发现巴菲特与他一样，很钟情于寻找具有独家经营权的优秀公司。彼得·林奇佩服地说，巴菲特投资"独家经营权"型公司获得了数十亿美元。

彼得·林奇认为，好的公司都有——"利基"，顾名思义，就是利润的基础，归根结底，就是好公司得天独厚的地方，巨额利润的潜在来源。

利基（NICHE）一词最早诞生于法语，法国人大多数信奉天主教，在修筑房屋时喜欢在外墙上凿个神龛，里面供奉圣母玛利亚的，尽管神龛很小，然而螺蛳壳里做道场，自有一份洞里乾坤，后来这个词发展到英国，在英文中指悬崖上的缝隙，人们在攀登时通常依靠这些微小的缝隙做支点，一点点向上攀登，后来被中国台湾人用来指那些被市场占有者忽略的某些细分市场，指企业选定一个很小的产品或服务领域，集中精力进入并成为市场的领先者。后来被引入营销学之中，是指哪些拥有清晰边界，并让竞争对手难以与之竞争的缝隙市场。这样的企业就被称为"拥有利基的企业"。在中国人的理解范围内，"利基"=摇钱树。

彼得·林奇这样说的，"相较之下，我更希望拥有一家地方性石料场的股票，而不愿意拥有 20 世纪福克斯公司的股票，因为一家电影公司面临着很多其他电影公司的激烈竞争，而石料场却有一个利基。"

彼得·林奇认为，拥有石料场要比拥有珠宝行更安全。因为石料场运输费用非常高，没有其他石料企业参与竞争，具有区域垄断地位。

譬如在区域优势方面，在这个区域中有独自发展空间的公司通常是具有唯一性或是行业的龙头，例如天然气供应、污水处理、报纸以及房地产开发商、烟酒公司等。在这个区域内这些公司都具有独特的

发展空间，基本不存在竞争、区域垄断以及地方保护，其进入门槛高、利润率通常高于在全国范围内展开竞争的公司，而且能享受到地方政府的支持是它们共同的特点和优势，而正是这些也为公司创造了业绩的支撑。

彼得·林奇指出，比如联合出版公司就是具有这样优势的公司，该公司拥有《波士顿环球报》。《波士顿环球报》在波士顿地区占有90%以上的印刷广告收入，林奇从中得到了巨额的投资收益。

在独享优势方面，是指公司有独家专利或者受到某种保护独家享有业务的优势，例如医药公司与化学公司，根据林奇的说法，利基具有这些特点：

第一，具有区域垄断地位，没有什么新的竞争对手加入，享有独断的经营权。

第二，具有价格的定价权。企业一旦享有独断的经营权，就能够决定价格。

第三，其他公司不能仿制生产与它们完全相同的专利产品。

由此可见，林奇"利基"观点跟巴菲特"护城河"理论相似。

为什么彼得·林奇竭力寻找这类股票？是由于获得了一个细分市场的绝对优势，就意味着企业资源的高度聚焦，这往往意味着更高的投入产出和更持续的盈利能力。具体来说：

1.足够的市场容量与绝不收缩的消费嗜好

市场容量必须足够大，市场占有率要较高，同时还要有提升潜力。市场容量就如同一个池子，池子太小了，无法养大鱼，更不要说孕育蛟龙了。譬如，制造一种针对某种特殊血型的药物，假如全世界的这种血型只有100人，则这个产品再好也不行，由于市场需求太小了。大家想一想，有多少人在使用招商银行？多少人喝可口可乐？多少人喝茅台？多少人使用吉列刀片？多少人去沃尔玛购物？多少人去苏宁电器？多少

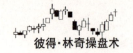
人住万科盖的房子？多少人用微软的系统？这就是市场容量。

还有一个因素是消费嗜好，简明扼要地说消费者对产品的消费嗜好是稳定的。

假如我们购买了生产 BP 机的企业，别说股价是否能上涨，目前连信息台都找不到了；假如购买了生产照相胶片的企业，面对数码技术的崛起，胶片企业会面临怎样的挑战？科技企业的最大风险在于，一次技术的升级换代以后，可能它就什么都不是了。因此，我们要选择消费嗜好稳定的，至少不能萎缩，能扩大就更好。

茅台酒、可口可乐的消费嗜好难以改变，不易被其他的产品替换，这就保障了市场是稳定的，至少不是萎缩的。可口可乐的快速成长是在第二次世界大战之后，第二次世界大战期间美军横扫欧洲大陆，欧洲人印象最深的就是美国大兵的吉普车与可口可乐，这就为可口可乐免费作了广告，为可口可乐打开欧洲市场打了前站。

最初某企业发明了一个左右旋转的水龙头，很不起眼，股价在华尔街上升了上千倍，为何？市场容量则是全世界的洗手盆，消费嗜好就是人们会喜欢这玩意儿。企业发展空间能不大吗？股价能不上涨吗？

市场容量与消费嗜好意味着企业成长的空间，简而言之，水深水浅，积水成渊，自然，蛟龙生焉。

2. 高高矗起的竞争壁垒

好企业是无法与之竞争的，由于它们都有独特的行业壁垒：

（1）品牌。最优秀的企业通常是牌子最响的企业。最好还是依然拥有竞争对手的行业寡头，譬如可口可乐后面有百事可乐穷追不舍；茅台第一，五粮液、国窖 1573、水井坊、国汾也虎视眈眈；招行第一，浦发、深发展、华夏、民生觊觎其后；从竞争角度来讲，假如独一无二也很好，譬如云南白药、东阿阿胶、片仔癀。然而独一无二的问题是，在无竞争对手的情况下，企业怎么样才能保持旺盛的活力？

核心技术与资源非常重要，譬如可口可乐的配方与销售网络资源，云南白药的秘方，茅台的窖泥与赤水河的水，招行的核心竞争力，都使其在许多对手里脱颖而出。

没有进入壁垒的行业无法造就卓越的企业，由于竞争者一涌入，利润迅速就被平均化，大家都能做的事儿创造不出高价来，而创造不出高价来，那谁还愿意将事儿做得完美呢？当然就出不来志存高远、追求卓越的企业。而品牌、行政许可、资源、专利技术形成的壁垒可以有效地挡住竞争者，让几家企业共同分割行业的高利润，同时因竞争的存在，企业也存在压力，要保持活力并待续地创新。这就创造了企业长期发展的理想环境。

品牌和核心技术还意味着抗风险的能力，卓越的企业在行业的冬天里不仅不会冻死，还可以雄心勃勃地收购对手，杰出企业都是在坏景气里开疆拓土、做大做强的。而弱势企业这时发愁的却是，"谁买我呀？"动不动就要给自己脑袋上插个草标，求爷爷告奶奶地寻找买家的企业，很明显的是不值得投资的。

（2）价格弹性和定价能力。定价能力包括两个含义：一是消费者在加价的情况下仍然要消费，替代品少或是根本不具备替代性。譬如说，若二锅头的价格翻了一番，消费者可能就会选择其他品种，然而若茅台价格翻一番，可能消费量并没有明显的减少；假如云南白药或者东阿阿胶价格翻一番，那么消费者只能被动接受，由于它们几乎没有替代产品。名牌产品的消费量对价格变动不敏感，也就是具有价格刚性，这样就能持续地提价，但是成本是不变的，那么提出来的价格是什么？全部均是利润，均是白花花的银子。二是价格不能受到管制，譬如电力行业不太可能出卓越的企业，由于电价涉及国计民生，政府不会让电力企业获取高利润，类似的还有自来水以及高速公路等公用事业。此类企业较为安全，通常不会倒闭，然而也不会有暴利。而茅

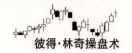
台酒、假发，一些奢侈品是不会受到价格管制的，这则是企业的利润空间所在。

阿基米德讲过，给我一个支点，我能够撬动地球。利基就是支点。上面谈到了优秀企业的"利基"，利基就是企业变得优秀、变得卓越的必要条件之一，因此，我们必须回避没有利基的企业，然而这并不等于说，企业只靠利基就可以成为狮子，我们还必须从更多的方面考察企业，跟踪企业的发展过程：

第一，硬指标。即收益率水平与优良财务状况。

专业的财务分析通常要面面俱到，然而作为非专业的财务分析，要想提纲挈领的话，我们可以抛开许多复杂的指标，只要关注几个基本要素就能够管窥一个企业的经营状况：

净资产收益率越高越好，至少要高于银行利率，否则我们还不如将投资的钱存银行呢，假如净利润/总市值能够显然高于银行利率，则这个企业就值得我们下工夫去做功课了。

预收账款必须大，应收账款必须小，存货的分析要灵活把握：预收账款大，表明企业占据卖方主动，应收账款小，表明企业坏账风险小；至于存货，就必须从产品的属性灵活分析了，譬如汽车存货很可能存在跌价损失，计算机存货的损失更加不得了，至于茅台酒的存货，非常正常，本来就是窖藏五年才允许出厂，何况窖藏自身也是一个升值过程。也就是说，存货多了就不好，明显是有毛病的。

假如毛利率越来越高，那么证明企业经营越来越好，或者是由于有效地控制了成本，或者是能够不断提高产品价格，总的来说，表示企业在走上坡路。

优秀企业的财务报表通常是非常好看的，甚至是非常美的，你越读，越觉得这个企业好得不得了。

不过，单纯依靠财务指标寻找优秀企业可能很困难，但通过比较同一行业里不同企业的财务指标，能够过滤掉平庸的、垃圾的企业。这样就避免了最愚蠢、最离谱的错误，胜算无形中要大许多。在认真研究财务指标之后再出手投资，心理上也会踏实许多。

我们有一千个理由拿不住股票，但只有一个理由能够拿住股票，那就是研究。不经过研究就买股票，就像打扑克时不看牌一样荒唐。

第二，软实力。即企业文化与队伍。

卓越的企业与强大的国家大体上差不多。只具备垄断自然资源的企业无法成为卓越的企业。正如有丰富资源的国家不一定强盛。石油、钻石、玉或黄金均是宝贵的资源，而中东有油，非洲有钻石和黄金，缅甸有玉。

看一看强盛的国家，很多不是靠矿产资源，而是依靠机制和奋斗。对于一个国家而言，最大的财富是它的经济体制与价值观念。

企业也是这样，其核心竞争力来自杰出的管理者、卓越的企业文化、高效的管理模式、优秀而稳定的员工队伍。大家谈卓越企业，通常会想到卓越的企业领袖，比如通用电气与杰克·韦尔奇、微软与比尔·盖茨、克莱斯勒与艾柯卡、海尔与张瑞敏、万科与王石，企业从崭露头角到走向卓越的过程毕竟是依靠企业家推动的。从此点来说，购买股票或者股票型基金的最大好处在于，不仅购买了土地、资本和劳动，而且购买了企业家才能，此投资里包含了最活跃、最积极也最具创造力的因素，这则是黄金、房地产投资所做不到的。

更通俗地来说，购买股票就是当股东，就是雇人打工，我们是雇能人、好人给我们打工，还是雇笨蛋、坏蛋给我们打工？因此，从某种意义上说，选择股票则是选择企业家。

第三，能实实在在地赚钱，这是上市公司最核心的优势。

是否能实实在在地赚钱，最关键的就是看企业处于产业链的哪一个环节上。从产业链来看，尽可能抓两头，放中间，更关注下游产业

或是上游产业，尽量不选择单纯的制造型企业；而在制造型企业当中，必须关注最终产品的生产，而不是零部件、配件的生产。

下游产业生产的产品直接进入居民消费或是企业消费，极易建立品牌；上游产业主要是资源型产业，譬如煤炭、石油、有色金属；前者依靠品牌卖出高价，后者凭借稀缺占据主动。当然，假如是既占据资源，又可以把资源延伸成高附加值的加工就更好了。

有的行业关乎国计民生，说起来尽管很重要，然而叫好不一定叫座。譬如，2003~2004 年经济过热，电力非常紧张，有的宾馆只能单日供电，对于电力企业是不是利好呢？不一定，由于电价是受政府管制的，然而对于煤炭企业却是实实在在的利好，火力发电企业用煤量就会大增，煤炭企业赚得盆满钵盈。因此，大家必须要关注真正赚钱的企业，而不是看起来热热闹闹的企业。

假如说利基就是对企业状态的静态描述，则我们还要针对企业的财务状况、经营过程和利润结果进行持续追踪和动态分析。前者相当于"选种"，我们必须选出包含利基的优良品种，后者就是耕种的过程，需要我们不断追踪企业变化，此追踪贯穿于我们投资于某一标的的过程，也贯穿于我们的整个投资生涯。

五、挖掘公司隐蔽性资产，赚钱的机会就会更大

不断地挖掘公司隐蔽性资产和发现其潜在价值，这是彼得·林奇又一个绝招。在他看来，任何一个产业或者板块，哪怕是所谓"夕阳产业"，都能够从中找出潜在的投资目标。只要公司有很好的潜质，股价合理，就能够购买。

彼得·林奇受格雷厄姆的影响，对阅读财务报告极其重视，他通常依照公司财务报告中的账面价值去搜寻公司的隐蔽性资产。

对于账面价值，彼得·林奇认为账面价值通常与公司的内在价值不

对等。有时在市场上会出现股价低于账面价值的状况，从表面上来看投资者能够用便宜的价钱购买到想要的股票。但实际上账面价值通常大大超过或者低于股票的实际价值。假设一家企业的资产是 10 亿元，负债是 8 亿元，结果账面价值为 2 亿元。如果 10 亿元的资产在破产拍卖中仅仅卖得 5 亿元的价格，那么实际上账面价值则负 3 亿元。这样的企业不仅一钱不值，还倒欠很多。投资者在按账面价值买进一只股票的时候，一定要详细地了解其资产究竟值多少。

譬如，阿兰伍德钢铁公司的账面价值是 3200 万美元，即每股为40 美元。尽管这样，这家公司在半年之后还是破产了，因为这家公司更换了一套炼钢设备，这套设备的账面价值是 3000 万美元，可是由于计划不周全，而且在操作上又出了差错，结果没有一点用处。为了偿还这些债务，这家公司只以 500 万美元的价格将轧钢板机卖给了卢肯斯公司，则工厂的其他东西简直不值钱，几乎没卖多少钱。

由此可见账面价值往往超出实际价值，同样，账面价值也存在低于实际价值的情况。林奇认为这正是投资者挖掘隐蔽性资产、从中能够赚大钱的地方。

他还认为，在石油业、金属、药业、报业以及电视台等行业，甚至有时候在亏损的企业中，都存在隐蔽的资产。而这些隐蔽性资产存在的形式各种各样，可能是房地产，也可能是税收优惠或者一笔现金等。

林奇曾列举了这样的一个例子。1976 年，沙石滩公司股本规模170 万股，每股为 14.5 美元，整个公司的价值 2500 万美元。还不到 3年的时间（1979 年 5 月），20 世纪福克斯影片公司用 7200 万美元购买沙石滩公司，沙石滩公司的股价从而上升到每股为 425 美元。而 20 世纪福克斯影片公司在购买之后的次日，就将沙石滩公司的砾石场以3000 万美元的价格出售，而砾石场仅仅是沙石滩公司很多资产中的一

项。也就是说，只是砾石场这一项资产的价格便超出了 20 世纪福克斯影片公司购买整个公司所需的资金。因此，砾石场周围的地产、德尔蒙特森林以及蒙特雷半岛的 2700 公顷的土地 300 年长成的树木、一家旅馆、两个高尔夫球场等便成了白白送上门的财富。

再譬如，一个石油公司存货在地下保存长达 40 年，然而在计算存货的价格时，所运用的标准则是以往的标准。从该公司的资产负债表反映出来的价值并不高，可是若把那些存货按现在的价格来计算，那么其价值就会提高很多。在此情况下只是卖掉石油，也会给投资者创造巨大的收益。而且石油很容易卖出去，因为它没有时间限制而且还是人们日常生活的必需品，不管什么时候开采的，它都能够卖出去。

20 世纪 60 年代以来，随着很多大公司出现了资产增值，商业信誉便成为一项新的资产，林奇说这也是公司的隐蔽性资产之一。

为此，林奇举了个很明显的例子：波士顿第五频道电视台，在建立之初，它可能需要很多费用，比如办理营业执照的相关证件需要 23000 美元，电视塔的建造用了 100 万美元，播音室的修建用了 100 万美元，这些费用加起来，这家电视台的账面价值可能只有 250 美元，并且经过时间洗刷，这些账面价值还会贬值，可这家电视台在出售的时候，价格却是 4.5 亿美元，隐蔽性资产能够达到 4.475 亿美元，甚至有可能高于这个数字。那么对于买方来说，这 4.475 亿美元就成为它账面上的商誉。根据会计准则，在一定时期之内商誉也是要被推销出去的，如果这样的话，那么新的隐蔽性资产又产生了。

还有一个例子：可口可乐装瓶厂从属于可口可乐公司，其商誉价值达到上万亿美元，那么除了可口可乐装瓶厂的设备、产品以及厂房等价值之外，其经营特权是一种无形价值。根据美国现行会计准则，它应当在 4 年之内将商誉推销完毕，当然它经营的特权的价值一直都在上涨，假设要支付此商誉价值，那可口可乐装瓶厂便会在盈利上遭

受很大的损害。比如，1987 年，可口可乐装瓶厂每股盈利是 63 美分，其中有 50 美分用以支付商誉，然而该厂的收入还是很好的，其隐蔽性资产也在持续地增长。

林奇还向我们介绍了另外一种隐蔽性资产，那就是存在于由母公司成立的子公司里的隐蔽性资产。比如美国联合航空公司就是一个明显的例子，其子公司包括资产为 10 亿美元的国际希尔顿公司、资产为 14 亿美元的威斯汀饭店、资产为 13 亿美元的赫兹租车公司以及旅行预订系统的 10 亿美元的资产。若去掉税收和债务之外，这些资产加起来还是大大超过联合航空公司的资产。林奇说若你发现了这类公司并对它投资，那你就能够坐收利润了。

除了以上隐蔽性资产之外，林奇还介绍了以下两种隐蔽性资产，他说，假如一家公司拥有另一家公司的股票，那么这也是隐性资产。譬如油田电信服务公司和雷蒙德工业公司。雷蒙德公司股价每股为 12 美元，然而它的每一股均包含了油田电信服务公司每股为 18 美元的股票。所以，若投资者购买一股雷蒙德公司的股票，同时也等于拥有了油田电信公司每股为 18 美元的股票，每股有了 6 美元的增值。另外一种隐蔽性资产，那就是复苏型公司中的减税。20 世纪 70 年代，由于佩思中央公司实施损失账目结算而破产，它庞大的税收损失可以供结转。在此情况下，假如佩思中央公司摆脱破产，甚至开始盈利之后，它就能够获得数百万美元的利润，然而失去却不用交税。当时企业所得税的税率为 50%，如果佩思中央公司进入复苏，那么这 50% 就成了它的优势，从而让它的股票开始上涨，1979~1985 年，每股涨幅达到 24 美元，而它的投资者也能够从中得到至少 500% 的收益。

以上是彼得·林奇告诉大家的几种不同类型的隐蔽性资产，只要我们认真地分析必然会找到它们。假如我们掌握了这些隐蔽性资产，获利的机会就会更大了。

第四章　彼得·林奇操作股票的规则

彼得·林奇就是一个善于挖掘"业绩"的投资大师。也就是说每只股票的选择均建立在对公司成长前景的良好希望上。这个希望来自于公司的"业绩"——公司计划做什么或是准备做什么，来达到所希望的结果。彼得·林奇不提倡将投资者局限于某一类型的股票。其"业绩"方式，相反则是鼓励投资于那些有多种理由能达到很好预期的公司。往往他倾向于一些小型的、适度迅速成长的、定价合理的公司。操作之前必须进行研究。彼得·林奇发现大多数人买股票只凭着预感或是小道消息，而不作出任何研究。这种投资者往往把大量时间耗费在寻找市场上谁是最好的咖啡生产商，接下来在纸上计算谁的股票价格最便宜。

一、操作自己熟悉的公司股票

"第一条规则是你应该了解你持有的股票。这听起来非常简单，然而我们知道能做到这一点的人少之又少。你必须能够在两分钟或者更短的时间之内向一个 12 岁的孩子解释你买入一只股票的原因。假如你很难做到这一点，若你购买这只股票的唯一原因是你觉得它的价格将上涨，则你不必买入。"

"我能够给你说一只简单的常见股票——这种类型的股票很多人都

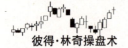

会购买。它是一家相对普通的公司，生产的产品也非常简单。该产品有着 1M 内存的 CMOS、Unix 操作系统、双极 RSC 浮动点数 I/O 接口的处理器、16 位双通道内存、Whetstone 每秒百万浮点运算的有机硅放射器、高带宽以及 15 微秒的运算能力等。"

"假如你持有这种垃圾股票，那你永远都不可能赚钱——永远不会。了解你持有的股票是极其重要的。你投资的企业必须非常简单。给我带来很好回报的是我能理解的简单公司，譬如唐恩甜甜圈（Dunkin' Donuts）、Laquinta 汽车旅馆等。能带来不错回报的就是这些公司。"

彼得·林奇认为，买入自己不了解甚至一无所知的企业的股票是很危险的。他的投资理念就是，最好的选股工具则是我们的眼睛、耳朵以及常识。彼得·林奇非常骄傲地表示，他的许多关于股票的好主意是在逛杂货铺，或是跟家人朋友闲聊时产生的。由此可见，每个人均具备这样的能力。我们能够通过看电视、阅读报纸杂志，或是收听广播得出第一手分析资料，我们身边便存在各种上市公司提供的产品和服务，假如这些产品和服务可以吸引你，则提供它们的上市公司也会进入你的视野。对于很多没有行业背景的个人投资者来说，极易熟悉的股票就是那些消费类或与之相关的上市公司股票。

彼得·林奇就是一个善于挖掘"业绩"的投资大师。也就是说每只股票的选择均建立在对公司成长前景的良好希望上。这个希望来自于公司的"业绩"——公司计划做什么或是准备做什么，来达到所希望的结果。彼得·林奇不提倡将投资者局限于某一类型的股票。

对公司越了解，越能更好地理解其经营情况和所处的竞争环境，找出一个能实现好"业绩"公司的概率就越大。于是彼得·林奇强烈提倡投资于自己所了解的，或是其产品和服务自己能够理解的公司。他认为，在操作过程中，要把投资者当作一个消费者、业余爱好者以及专业人士的三方面知识较好地平衡结合起来。

此外，彼得·林奇不投资网络科技股也体现出他的"不投资不了解的股票"的理念。1995~1999 年是一次前所未有的牛市，指数上升一倍，连续 5 年股票的回报率均在 20% 之上。此大牛市中，大家对网络股等高科技企业的狂热是最大的推动力。然而，在大家的狂热中，彼得·林奇却又次宣称自己是技术厌恶者："一直以来，我都是技术厌恶者。我个人的经验表明，只有那些不盲目追赶潮流的人才可以成为成功的投资者。实际上，我所了解的大多数有名的投资人都是技术厌恶者。他们从来不会购买那些自己不了解其业务情况的公司股票，我也是这样。"

彼得·林奇从来不会购买那些自己不熟悉其业务情况的、变化很快的、将来发展不稳定的公司股票。他坚持只操作于自己能完全理解的传统稳定行业的公司股票。他说："当周围有这么多的稳定行业时，为何要买入易变行业的股票呢？"

无独有偶，巴菲特也秉持"不熟不做"的操作理念，他就是运用此方法的成功范例。他在小时候曾经卖过报纸，对报纸及其所属的新闻领域比较了解，因此，他便投资于华盛顿邮报；他很喜欢喝可口可乐，对可口可乐公司很熟悉，因此买入了大量可口可乐的股票。这种操作便于自己了解的公司股票的做法，让他获得了巨大的成功。

投资者选择自己了解的公司来操作至少有如下几点好处：

一是能保证投资者对该公司的经营业绩有较为清晰直观的认识，投资者有许多辨别公司情况的具体方法，特别是通过简单的市场调查和分析就能够判断公司的销售业绩。了解了公司的销售业绩和市场占有率以后，结合产品的利润率就能够判断公司的盈利能力了。在阅读一个公司的财务报表前，作为一个有综合能力的投资者，是可以超前发现公司的准确情况的。假如去投资一个不了解的公司，你就很难准

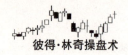

确判断其内在价值，从而难以避免在操作上的失误。因此，投资者必须尽早在财务报表公布前，对公司的真实情况做到心中有数。这需要投资者对公司的全面情况必须有仔细的观察，能看到那些被修饰的痕迹来。无法想象一个对公司的具体情况不了解的投资者，能去做到准确评估。从另一个角度来说，即便这个公司没有采取舞弊的手段，对于一个投资者而言，在公司的财务报表出来前，就必须做好投资决策并付诸行动。因此，操作熟悉的公司，对提升判断力与准确率无疑是更加有效的。

二是操作熟悉的公司能保证投资者对公司所经营的行业比较了解。此方面已经形成的分析方法是：如果一个公司所处的行业整体形势处于上升阶段，则公司的业绩往往也是处于上升周期，此时其股票必然也是稳步上升的；如果一个企业处于夕阳产业，那么，随着时代的进步与发展，人们对其需求的变化自然呈下降趋势。因此，虽然这时候产品有市场，经营也非常稳健，然而在整个萎缩的大环境中，想要保持进一步增长是很艰难的。这样的上市公司股票仅仅是短期升值，长期增长是不太可能的。通常来讲，投资者要想了解一个公司，就应该首先了解这个公司的产品。只有了解了产品，你再对公司的产品销售情况以及盈利情况去进一步调查就容易多了。至少，产品在市场上的欢迎程度以及市场前景等都是能看清的，产品的走向与公司的发展前景也是完全能够判断的。在了解整个行业产品基本情况的基础上，投资者作出评估与调研必然方便容易，从而也有助于进行准确的投资。

对大多数个人投资者来说，因为缺乏行业研究背景，最了解的股票就是那些消费类或与之相关的上市公司的股票。实际上，尽管在中国，现在消费类概念股票虽然还没有像美国那样成为市场主导者，然而也有接近一半的上市公司处在房地产、零售、食品饮料、医药、家用电器、轿车以及服装等终端消费领域，个人投资者能很容易接触大量相关资讯，甚至自己就是这些产品与服务的消费者或体验者，能够获得最直接的判断。只要个人投资者注意观察身边的生活，就可以在自己了解的领域里找到伟大的投资机会。

有一句老话叫作"不熟不做"，其意就是指不要轻易涉足自己陌生的领域。操作股票更是要牢记"不熟不做"这句话。

也就是说，将精力放在你擅长的行业里，专注于你喜欢的股票，深入研究其内在价值。若行业的大形势没有变化，若企业的驱动力元素没有变化，那么就不用跟随市场情绪的波动而变化，朝三暮四是股市投资的大忌，基本面的东西没有变化，作战计划必须要坚定执行，市场情绪的变化只是为我们提供了一个大周期安全接入目标股的好机会而已。

简明扼要来说，深入了解一只股票的内在价值和投资逻辑，做不到深入理解一只股票，所产生的直接后果有两个：一是下跌周期不敢购买股票，错过战略性建仓的机会。二是上升周期不敢持股，稍微上涨一点就"落袋为安"了，通常错过大段利润。无论股票涨跌都不敢买、不敢坚定持有——这是大多数人的成绩差别所在，背后的原因是没有弄清楚标的的内在价值和核心逻辑。

因此，在自己的能力圈里，才能更好地"吃透股票"。那么，怎样才能"吃透股票"？

逐渐建立"能力圈"，专注于能力圈！一是人的能力与知识结构是有限的。一个人不可能什么行业都懂得，都很精通，不可能有无限的精力把握所有的行业和领域的专业知识和产业特点，为了达到对一个企业的深入理解与认知，应该要全面理解所在行业的特点、相关领域的专业知识、产业链上下游、竞争对手情况，了解公司的盈利模式、业务状况以及核心竞争力。二是人的精力是有限的。研究一个行业需要耗费的精力很大，且不说在积累专业知识和建立基本分析框架方面

花费的大量精力，就是对行业进行动态跟踪，便足以让人应接不暇，产业发展趋势、行业技术动态与资本动向、国外相关产业动态、产业链公司的动态事件——对这些加以跟踪和分析均需要时间和思考。

所谓"能力圈"，指的是知道自己知道什么，与知道自己不知道什么，要永远只在自己了解的领域内投资，无论你的能力圈有多小，"小"总强过"无"。坚持自己能理解的范围，只做自己理解的公司。在操作外扩展你的能力圈，在操作中守住你的能力圈。假如你不熟悉这个行业，你就有两个选择：学会熟悉，或是回避操作。若你对这个行业的了解还处在学习过程中，也请不要涉及。

二、最重要的就是研究个股

"你应该寻找麦当劳与沃尔玛这种类型的公司。不要担忧股市。瞧瞧雅芳。在以往 15 年当中，雅芳的股票从 160 美元下挫到 35 美元。15 年之前它是一家卓越的公司。可是现在，所有的雅芳小姐全部都不得其所。她敲门，家庭主妇要么外出上班去，要么与她们的孩子在外面玩。她们销售的东西都能够在超市或者药店买到。雅芳的盈利基础土崩瓦解。这家公司仅仅卓越了大约 20 年。"

"今天股市的收盘价为 2700 点。就算今天的收盘价为 9700 点，雅芳依然是一家悲惨的公司。股价从 160 美元下挫到 35 美元。所以在以往 15 年里无论股市表现如何，你在雅芳公司上的投资都是非常惨淡的。"

"同样是在这个时期，麦当劳的表现很好。它们进攻了海外市场，并推出了早餐与外卖，它们做得相当好。在这个时期，其绩效经历了魔幻般的上涨，盈利增长到原来的 12 倍，股价上升到过去的 12 倍。假如道琼斯今天的收盘价为 700 点而不是 2700 点，你在麦当劳上面的投资依然能取得很好的回报。其股价可能是 20 美元，而不是 30 美元，然而你依然能获得 8 倍或 9 倍的盈利。"

最后彼得·林奇总结道："关注个股，忘掉全局（Big Picture）。"

投资就是向公司投资，而不是向市场投资。你必须下工夫去选择一只好股票而不要去管整个市场情况。由于预测市场的短期走势是没有意义的，市场自己会运行得比较好。

在彼得·林奇写给个人投资者的《战胜市场》一书中不断地叮嘱，"尽管我们持有的是蓝筹股，或是《财富》500 强当中最突出的几个企业的股票，买了就忘的战略（Buy and Forget）也会是没有收益而且很明显是很危险的。"

在 13 年的基金操盘生涯当中，彼得·林奇创造了延续 13 年正报酬，并且延续 13 年超越股票型基金平均报酬率的惊人纪录。于是，《纽约时报》把他排列在 20 世纪 10 大顶尖投资人的第 2 位，而第 1 位就是巴菲特。

与那些华尔街大多数的金融从业者相比较，温文尔雅甚至有些腼腆的林奇的确算是个另类，然而这些都遮掩不了他那传奇的经历以及对股票市场所显示出的智慧。

彼得·林奇没有一战暴富的传奇事迹，也没有发表过什么一语成谶的惊人的神准预言。大体上，若不是把 13 年的基金操盘成绩一次回顾个够，你恐怕无法体会，其地位可以超越众多赫赫有名的投资大师。

1977 年，彼得·林奇只是个基金界的新手，所掌管的富达麦哲伦基金，规模只有区区 1800 万美元。然而时光流转到 1990 年，当他卸下经理人职务的时候，这个基金的规模成长了 776 倍，达到 140 亿美元。这时他是全球最大股票型基金的经理人。13 年期间，林奇缔造了 2763% 的累计报酬率，比大盘升幅整整多出了 2200%。平均计算，每年绩效则超过 29%。

1990 年，43 岁的彼得·林奇选择了退休。自辞去基金经理人职务

之后，几乎无人打探他的操作动向；彼得·林奇也很少抛头露面，他几乎消失在所有媒体面前。

然而在2001年美国经济正由于科技股泡沫及"9·11"事件而陷入危机，他接受了媒体一次采访，当被问到美股是否已经落底时，彼得·林奇回答："我不觉得如此预测有什么意义，要想赚钱，就不应该用短线的逻辑思考。"此后，美国股市进入了一段最强劲景气扩张期。

7年以后，全球投资气氛再次陷入绝望境况。与过去一样，他又告知大家，要等待尘埃落定以后，才能判断这段时期到底算不算是经济衰退。任何短线的猜测均是一种猜测，意义并不太大。市场经历多空循环的交替，总是需要一段时间，往往无法在发生的当下得知下一阶段的变化。

对于一个投资者来说，无论是在任何时候、手上有多少资金，研究个股均是最重要的功课。彼得·林奇说当他还是手握140亿美元的基金经理人时，研究个股就是最重要的投资流程，目前，他帮助慈善基金会操盘，资金仅仅为1亿美元，然而主要功课还是一样，研究个股。

目前的彼得·林奇依然坚持出门拜访企业，一个月大概7~10天，但不会再像过去一样，一整月都在外面，大多数是每天坐在办公室里，打四五通电话给有兴趣的企业聊一聊。这就是其退休生活，当投资变成生活的一部分，不再需要担心基金绩效排名或是基金规模增减时，投资的确是件很有趣的事情。

彼得·林奇从不把自己的投资局限于任何一种股票与行业上，他要的是一个投资组合，来分散那些非系统风险。当然，在林奇的投资组合中，他很偏爱两种类型的股票：一种是中小型的成长股股票。这种股票在林奇的投资组合中占最大的比例。在林奇看来，中小型公司股价增值比大公司更容易，一个投资组合里只要有一两家股票的收益率很高，即使其他的赔本，也不会影响整个投资组合的成绩。

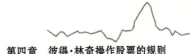

另一种让彼得·林奇钟情的股票是业务简简单单的公司的股票。大多数的投资者喜欢激烈竞争领域内有着出色管理的高等业务公司的股票，然而在彼得·林奇看来，作为投资者不必固守任何美妙的东西，只需要一个以低价出售、经营业绩尚好，并且股价回升时不至于分崩离析的公司就行。

不断挖掘公司隐蔽性资产与发现其潜在价值，是彼得·林奇又一个绝技。在他看来，任何一个产业或者板块，哪怕是所谓"夕阳产业"，都能够从中找出潜在的投资目标，甚至"女士的丝袜胜过通信卫星，汽车旅馆胜过光纤光学"。只要公司潜质比较好，股价合理，就可以购买。

彼得·林奇认为，股票的挑选就是一个动态的过程。"由于人们很关注股票价格的变化，因此，我们极易忘记这样一个观念：持有一份股票就意味着对公司拥有一定所有权。除非你每隔一段时间就去检查建筑物的结构是否维护妥当，是否有脱落的部分，否则你不会感觉到自己对租赁的房屋的所有权；同样地，当你拥有公司所有权时，你应当时刻关注公司的发展状况。"

他不断地提醒普通投资者，6个月定期检查并不是简单地从报纸上看看股票的价格，相反地，这种每6个月一次的定期检查被华尔街的研究人员认为是一种训练。作为股票的挑选者，你不能对任何事物加以假设，你应该遵循市场行情。

彼得·林奇甚至为这种定期检查列出了步骤。首先要尝试回答以下两个基本问题：一是与收益相比，股票现在的价格是否还具有吸引力？二是什么造成了公司的收益持续增长？

接下来，投资者可能会获得如下三个结论当中的一个：

（1）市场状况日渐好转，所以你打算增加投资。

（2）市场行情日渐恶劣，于是你打算减少投资。

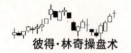
（3）市场行情没有发生改变，所以你既可以维持原先的投资计划，也可以投资到另一只股票之中，来获取更好的投资回报。

彼得·林奇给出了人们一个重要的启示：关注大盘是其次，集中精力探索个股习性，遵循个股规律去操作才是最重要的。

三、不要相信所谓专家意见

彼得·林奇讲过："不要相信那些专家意见。专家们不会预测到任何东西。尽管利率和股市之间的确存在着微妙的相互联系，我却不信任何人可以用金融规律来提前说明利率的变化方向。"

这是彼得·林奇专门给予个人投资者的意见，他也曾讲过自己由于听取一个技术专家的建议而失去一个上涨 10 倍的股票的投资机会。按照彼得·林奇的观点，虽然金融市场中的各个子市场是存在微妙的联系的，然而他并不相信按照金融规律去推测利率变化方向的论断。这一点也与彼得·林奇本身研究的特点有关，由于他在判断一件事情以前，可能要观察多个关联行业、拜访多个机构做实地考察之后才作出自己的分析。彼得·林奇在《彼得·林奇的成功投资》一书中曾经写道："你的投资才能不是来自于华尔街的专家，你自身就具备这种才能。假如你运用你的才能，投资你所了解的公司或行业，你就可以超过专家。"股票市场没有专家，只有赢家与输家。

彼得·林奇的这一劝告是很理性的劝告，并对它进行分析：

专家之所以成为专家，大多数时候并不是由于其给出的建议和意见准确而成为专家的，通常是由于事后的专业分析能力和理解能力，这些并不能代表预测能力。同时通常对于专家的学历、工作背景和人脉资源的分析也是有一定的要求的，而这些也与意见的准确性相关程度不大。

我们不否认有极少一部分的专家意见的准确性是超出一般人的，

然而仔细考虑原因，我们就能够分析出来不相信这类专家的理由：

（1）在这部分专家中有一少部分是可以获得很多的内幕消息的，并且这些内幕消息是非常准确的，譬如在政策的制定方面或机构的意图方面等。其谨慎意见虽然是违规的，但比较准确，然而在我们的市场中并不通常能够看到，假如一个专家泄露了一部分内幕，那么个人投资者首先要分析其意图：为他人赚钱吗？那么他为何不自己去赚钱？并且其这种行为极易受到监管机构的惩罚。

（2）在这一部分专家当中也有极少的是对市场能够有影响力的，他们在市场中有一定的话语权，可以在一定程度上通过媒体和其他专家对其预测进行分析并让其预测作用放大，从而影响了市场。然而通常来说仅仅是短期的，市场最后会纠正这种临时性冲击导致的偏差。值得一提的就是在 2001 年之际，那时候有场关于股市的大争论，大争论的结果则是认为股市会下跌也应该下挫的专家们占了优势。最后 2001~2005 年的 5 年慢慢下挫调整好像是证明了专家的观点，然而我们要知道下挫的根本原因在哪里？在于证券公司的不规范、历史遗留的国有股与法人股问题以及上市公司问题频出有关。从而侧面证明了那时候证券市场的脆弱性，然而当市场愈加规范时这种脆弱性将渐渐得到修正。但是即便是这部分专家，所有言论预测准确的概率从长期来看也是趋近于 50% 的。

（3）另外一少部分专家是对市场具有一定的操作权的，如他预测一只股票或许是局部市场，由于他的市场地位、资金规模与专业能力对公司或者局部市场有一定的操作权，譬如说改组公司，装入优质资产甚至到对局部市场的垄断或控制（譬如说近年的铁矿石谈判就可以看出一些巨头的影响力）等。然而这部分专家通常极少作出预测，尽管在事前作出了预测也会在一定程度上避开热点，给予公众一个猜测的空间。个人投资者仍然无法相信这类专家。

假如专家每次的意见或建议都非常准的话，他就没有必要再对市场进行预测了，因为他本身靠自己的预测就能够很美满而幸福地生活了。再回到中国的股票市场，假如分析人士能够非常准确地预测市场，那他们自己去做就好了根本没有必要告诉他人，把一个有价值的预测提前公布也就使它最后成为无效的信息。

对于个人投资者来说，很难判断哪位专家预测和分析是正确的，也很难判断一位专家什么时候预测是准确的，这个本身则是预测，它的难度不亚于对市场的预测。

经过上述的分析，大家应该明白了彼得·林奇所告诉我们的不要相信专家意见的含义，值得一提的是我们并没有反对平常关注这些专家的意见。这样的话，我们便又引出了另外的一个话题，那就是怎样利用专家的意见。这一点上，与我们办理其他事情是一致的，那则是吸收别人的意见，作出基于自己认真分析后的判断。毕竟，作为专家具有一定的信息优势和分析优势，个人投资者可以把同一行业的专家的观点综合，分析各种专家给出的论据是否充分，反复地分析并有自己的判断。当然这个前提就是个人投资者在某一方面有一定的优势，不是完全不知道的状态。在此建议的指导下，针对市场上充斥的评论、各类研究报告以及分析投资者必须做到心中有一杆秤，权衡它们对自己的意义有多大和如何运用这些观点，而不是盲目地相信专家的意见。

总的来说，谁的意见都仅供参考，谁的建议也不能够全听，不要听他人胡言乱语，尽管言之有理，还是要听自己的！必须相信自己的选择。股票操作需要自己拿主意。

这样说并不是鼓吹你应该刚愎自用，而是说，他人的意见即便100%正确，也只能当作参考意见，不能采用"拿来主义"，不经自己动脑子便轻易作出决定。这样极易养成一种惰性，惰性是极其害人的东西。必须记住，不管在任何时候，你自己都必须有自己的主见，最

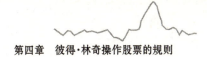

终的决策需要自己来拍板，不要把自己的脑袋交给别人指挥。这才是一个成熟投资者的应有素养。

必须懂得，所谓股评也好、信息也好，或是所谓的投资专家意见也好，都是人们的公共信息资源，人们都知道了的东西值得你去相信吗？很明显不值得轻信，更不可妄信。对于所谓的来源于某某消息灵通人士的内幕信息，更不要相信。必须了解市场信息，自己动手，仔细分析市场交投行为，破译市场交投秘密，那就已经可以了。实践经验表明，一旦学会了从市场交投行为了解信息以后，你就能够从中读出许多交投秘密来。

四、不要相信市场所流行的理论

股票市场上充斥了很多的理论，比如基本分析理论、技术分析理论、道氏理论、随机漫步理论、混沌理论以及投资组合理论等一言难以说明白。这些理论就是建立在实践的基础上的，通常是为了说明并解释市场的目的诞生的，在此基础上部分理论应用在实践当中是有着比较好的效果的。彼得·林奇的观点认为各种已经成型的那种学术性的理论并不能最终为投资者创造收益的增长。

他曾经用打鸣的公鸡来形容对一些理论的看法：

多少世纪之前，大家先是听到公鸡叫之后看到太阳升起，接着认为鸡叫才引发太阳升起。今天鸡叫如故然而每天为解释股市上升和对华尔街产生的影响的新论点却让专家感到困惑。比如：女人穿的裙子太短了，某一个会议获得了一个大酒杯奖了，日本人不高兴了，某种趋势线被阻挡断了，共和党人在选举中获胜了，股票出售太多了，等等。每当我听到这种相似的理论，我总是想起那打鸣的公鸡。

那么，这个看似很简单的忠告有着什么样的背后故事呢？彼得·林奇为何要作出这样的劝告呢？

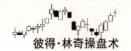

　　理论来源于对实践的描述，它的目的是为了更好地理解投资市场和描述市场的运动，而并不是为了能在实际未来中应用。

　　针对理论的这一特点，彼得·林奇在《彼得·林奇的成功投资》一书中曾讲过，"我还发现有效市场假设（假设股市上每件事情都是"已知的"，而价格总是"合理的"）和随机运转假设（假设股市涨落是非理性化的，并且完全不可预料）无法兼容，奇特的市场升跌早已使我对"合理性"理论产生怀疑，而麦哲伦公司的那些伟大的项目经理们的成功也无法被预测到"。

　　理论大多均是以假设的条件为基础，简单来说，理论想要应用于实际并发挥作用，一定依照设定好的条件才有可能。这不仅要求股市上每个基本条件均必须是已知的，而且要求每只股票的定价应该是合理的。如此的预测，其自身就要有空间和时间的限制，所以在具体的运用上，投资理论由于投资环境和时间的变化不具备直接应用的可能性和可操作性。

　　此外，在各种各样的投资理论之中，由于条件的限制和股市运转的变化而使得理论的指向性并不明确，甚至某些理论是彼此对立的，而相互对立的理论却又不能完全推翻对方的理论。尽管每个理论看起来都有一定的道理，然而真正落实到每一个投资者身上时，却通常由于条件的变化而不再具备应用的价值。

　　各种理论的目的是相同的，然而经常却互相指责对方的不正确，然而又没有哪个成熟的理论驳倒了另外一个成熟的理论，当然每个理论都有其有道理的地方，否则就应当被淘汰了。这就引出来一个问题，我们选择什么理论来指导我们？即便是一样的技术分析理论，仍然有着量价分析、趋势交易以及波浪理论等许多不同的应用。有这么多理论既让投资者选择什么样理论有了难度，又说明了没有一个理论是完全权威的。

那么是不是对个人投资者来说就不用相信任何理论了呢？不是，彼得·林奇的话通过上面的分析我们应当承认其合理性，然而作为投资者没有理论的指导是不可能的。彼得·林奇的话背后的意思在于告诫每个投资者不要过分地盲目地相信关于投资的各种学术性理论，假如按照这些理论去投资市场大部分现象是无法解释的，包括最基本的价格运动。而这些理论在许多方面有着自己的优势，能够帮助投资者从不同的角度更好地理解股票的运动和发展趋势。

在此点上，个人投资者必须做到的是理性地看待各种理论，学习理论本身就是一个提高的过程，目的是更好地理解市场，理解理论背后的思想，同时锻炼自己严谨的思维，而不是非要将学术性的理论硬性地应用在股票市场上。再进一步来说，许多学术界的人士也企图通过某种修正使一些理论变得实践性更强。另外，不同理论间的互相补充也是对操作很有益的事情，譬如基本分析和技术分析、行为金融与数量分析等，投资者还能够根据自己的经验将理论进行一些优化处理应用到实践中去，在实践中不断地完善建立起属于自己的操作系统。

应该如何看待股市上的操作规律呢？说白了，股票的操作程序其实非常简单，归结起来，无非就是买入与卖出两大环节而已。所有其他细枝末节的工作，均是围绕这两个环节来展开的。至于如何买入，股市上流传着很多规律，譬如：

（1）股价已经持续下挫了3天以上，跌幅已经渐渐缩小，成交量也缩到了底，以后的某一天若突然价涨量增，必须及时跟进。

（2）股价由跌势转为涨势的初期，成交量逐渐放大，价涨量增，这时应该及时跟进。

（3）市盈率低于20之下的时候，可以买进。

（4）以跌停开盘，以涨停收盘，行情即将大反转，应该及时买入。

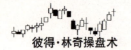

（5）RSI在20之下时，应该买入。

（6）低位出现K线十字星的时候，可以考虑买入。

（7）6日的乖离率降到-3以下，并且30日的乖离率降到-10以下时，应该及时买入。

（8）移动平均线下跌以后，显示呈现为走平趋势，接着转为上涨，这时股价也开始攀升，当股价突破移动平均线的时候，则是最佳的买入时机。

（9）当短期移动平均线3日线往上移动，长期移动平均线6日线开始往下转动，两者形成黄金交叉的时候，是最佳的买入时机。

（10）股价在底部经过长时间的横盘以后，假如连续两天出现大阳线，或者持续三天出现小阳线，或者出现长下影线的十字线，股价即将回涨。

诸如这种类似的规律，还有很多，由于限于篇幅，在这里不可能一一列举。

从较为肤浅的层面上来看，股市上所有对买卖规律的表述都很简单，然而，在这简单的表述背后，还隐含着大量的、不可言传的、需要自己意会的更深层面的东西。这其中通常包含着很多的细节，并且每一个细节又蕴涵着不少规律性的东西。这些规律性的东西如同一把把双刃利剑，既能够"杀死敌人"，又有可能伤害自己。所以，对待股市上规律性的东西，必须开动脑筋，冷静思考，以审视的态度多问几个为什么。譬如，要问一问这条规律是否太过于简单了？

真理均是朴素的，规律也是朴实的。然而，当你接触到一条规律的时候，必须认真地考虑一下，此规律是否太过于简单了，是否进入股市的大多数人都可以想得到、看得见，或是已经掌握了的？若的确是这样，那么就必须提起十二分精神，尤其小心对待才是。

客观来讲，凡是进入股市的投资者，谁的智商也不比他人差，然

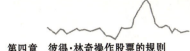

而，一旦被股市上狂热的、非理性的、患得患失的气氛所影响，智商便会大打折扣。

比如，大多数人都懂得追涨杀跌、高抛低吸的道理，然而，在从众心理的影响之下，通常成了追跌杀涨、高吸低抛。比如像这样可笑的问题，举不胜举。

实际上，一切经验也好、规律也好，都仅仅是对前期股市走势的历史性的总结。假如不结合自己的实践经验进行升华，它们只是具有借鉴作用而已，是不能用来指导未来买卖的根据的。

五、不要迷信许多技术分析

彼得·林奇讲过，假如选择股票这项工作可以量化分析，那么你只需要租用附近的克雷（Cray）计算机运算分析一段时间就能够赚到大钱了，然而实际上这种做法根本不管用。每个投资者在上小学四年级时学会的数学知识对于股票投资来说就已经行了（比如克莱斯勒汽车公司拥有 10 亿美元现金，5 亿美元长期债务等）。

他认为，操作股票并非一门科学，而是一门艺术。那些迷信呆板数量分析的投资者，通常是一进股市就处处碰壁。如果数学分析真的能让投资者正确选择股票的话，那还不如用计算机算命来得更直接。选择股票的决策不是通过数值分析就可以作出的，实际上小学四年级的数学知识就已经足够让你驰骋股市了。

金融投资界一直对此问题争论不休，投资股市究竟是靠交易技巧还是靠数学分析？股价跟公司的盈利能力密切相关，大多数因素都会影响到公司的盈利能力，而且这些因素综合影响的结果不是通过几个公式或者几个数学模型就能准确估计出来的。数学尽管可以帮助投资者更好地理清公司的财务信息，然而这并不能让我们对股市的行情作出全面判断。大家不妨比较一下名牌大学里的金融学教授和数学教授

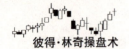

的投资股票收入的差别。假如仅仅是比数学知识，那一定是数学系的教授比金融系的教授要高超得多，然而真正能在牛市中得到切切实实利益的，却通常是金融系的教授。假如遇到大牛市，金融系的老师们几乎全部都大赚了一笔，纷纷换车换房，而那些数学系的教授们，基本上都两手空空，一点儿好处也没有从牛市中捞到。

那么，数学分析的缺陷到底在哪里呢？为何数学分析没有多大用处呢？实际上数学分析最显著的缺陷在于它告诉投资者只需通过分析历史数据就可以判断出公司未来的盈利情况。此做法错误地认定了公司未来的情况完全是由其历史情况来决定，数学分析师们运用股票价格的波形图来估计未来的股票价格的波动趋势，然而行业发展初期和行业成熟之后的情况，以及同一行业中某一公司发展初期与公司趋于稳定以后，股价波动的剧烈程度是完全不一样的。就算是在同一时间段，价格的波动也会遭受多种因素的干扰。因此只是依据历史数据的波动情况来判断未来股票价格走势是没有道理的，最起码也应该认真对公司所处的阶段进行分析以后，再针对不同的阶段类型制定不同的投资策略。

数学分析运用的基本都是历史数据，然而决定将来股票价格的变化最主要的因素却是公司未来的盈利情况，将来的盈利情况仅仅靠数学分析是无法得出的，所以当投资者发现通过自己实际调研到的公司发展前景和通过数学分析得出的结果相矛盾时，就必须坚决摒弃数学分析的结果。假如投资者坚持不相信自己实际调研的结果而选择相信数学分析的结果，那么彼得·林奇建议投资者考虑如下两个问题：为何观察到那么多人都在运用该公司的产品，公司的盈利却不见提高呢？为何该公司股票价格不是随着盈利状况波动呢？若连回答这么两个问题都会让分析结果不攻自破的话，那就是时候放弃数学分析的结果，回到正确的轨道上来了。

在彼得·林奇看来，实际调研分析的重要性要大大高于数学方面分析的重要性，只有幼稚可笑的投资者才会迷信数学分析技术，彼得·林奇甚至讽刺这些迷信数学分析技术的投资者根本不用分析那么多股票市场的数据，只要用计算机算算命就行了，首先算算自己这段时间投资股市是否盈利，假如不盈利就干脆休息几天，假如算命显示能盈利，那就再算算究竟应该投资哪只股票。更让人伤心的是，专业化的数学分析通常会抹杀掉投资者脚踏实地的工作作风，让他们脱离股市实际行情。诺贝尔经济学奖获得者罗伯特·默顿就是个非常明显的例子，尽管他对数学和金融的了解非常深刻，然而他不能够深入基层去调研获取第一手信息，而只是凭报表、历史价格等来加以数学分析，结果给公司带来了巨大的亏损。

庄家与大公司往往运用数学分析的局限性来欺骗中小投资者。庄家想要造假是很容易的，我们就以股票价格波动的技术图形为例，庄家借助雄厚的资金实力，只需要在收盘的一瞬间左右股票价格，就极易制造出那种能够让其他投资者产生误解的图形，进而误导投资者按照技术图形作出错误判断。这样庄家就可能通过最后的反向策略让投资者跌入投资陷阱，把投资者的亏损赚到自己的口袋。大公司想掩盖公司收益的真相也非常简单，黑心的会计师极易把实际亏损的公司报表篡改为盈利丰厚的表象，进而抬高公司股票的价格。会计师精心设计的陷阱专门就是给那些迷信数字与数学分析技术的投资者准备的。

技术分析主要有如下弊端：

第一，没有百分之百的准确率。市场之所以存在是有其游戏规则来支持的，如果有百分之百的预测方法存在，这个游戏就无法玩下去了，也不会有那么多的分析流派了。再者，即便某一个时期内有这种方法存在，用不了多久也会被其他人掌握，由于市场是简单的，不会有永远的"天机"。此外一个重要的原因就是有的突发消息可以改变市

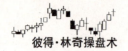

场任何的走势，无论它走的多么完美。为什么没有百分之百，还有非常重要的一点就是趋势有时能够把所有根据技术分析得出的买卖信号打破，或许这时你会说，我根据趋势做不就行了？问题是趋势不可能一直继续下去，市场中的上涨趋势和下跌趋势是轮流表演的，你如何会知道一轮趋势的终结点呢？既然没有百分之百，那么有没有70%、80%或者90%呢？答案则是肯定的，然而每一种分析方法应用时，要有一些条件限制，才能达到如此高的盈率，并不是简单套用。懂得了这一点，则意味着在投资活动中，是允许赔钱现象存在的，追求完美是不可以的。我们学习技术分析就是为了寻找与运用盈率能达到70%以上的分析方法，来做到总体投资是盈利的。

第二，市场的操纵行为使技术分析暂时失灵。市场的主力与庄家很难改变价格运行的主要趋势，但却能够影响短期趋势，尤其是日内交易。随着大多数投资者学习技术分析知识，主力与庄家有时运用这一点进行骗线，尤其是在关键价位搞一些假突破动作、虚晃一枪，引诱投资者上当；有时候故意拖延时间，包括突破前与突破后，动摇意志不坚定者的信心。如此种种，要求投资者不要机械地使用技术分析，要在长期的投资实践中结合市场特性不断总结，来制订出可行的应对措施。

第三，技术分析的滞后性。由于大多数技术分析方法是顺应趋势交易，也就是在明确了买卖双方向一边倒时，才进行交易，而在技术分析发出买卖信号之前，价位已经运行到一定的幅度，而这样的幅度通常要大过交易手续费或佣金好多，这就是短线投资通常不如长线投资盈利丰厚的原因。在学习了技术分析以后，投资者通常以为掌握了赚钱的工具，因而频繁交易，行情走势本来无固定模式，这样在每次做对的情况下也不一定比得上交易次数少的利润，何况根据概率来说，交易次数越多，失误的次数也就越多。逆势交易尽管有买卖在最高及

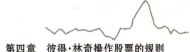

最低价位可能，然而要冒巨大的"逆势"风险。

总之，技术指标属于统计学范畴，给投资者的只是概率分析。因此技术指标不能告诉大家市场一定会怎么样！这就是说任何技术指标都是有着先天"缺陷"的，把它称为"成本"！或许问题就是出现在这里：投资者不能容忍技术指标的这种"缺陷"，他们总是企图追求完美！或许人们正是在这种追求完美的过程中，离成功越来越远！他们总是自作聪明地想着"好一点"、"再好一点"、"更完美一些"。当一个投资者通过某种技术指标卖出股票时，已经距离最高点只有 20% 的空间。他们开始自作聪明地玩调整指标参数的游戏；当发出一次假信号的时候，他们又开始继续玩修改参数的游戏。他不懂得（调整灵敏度）有一得就会有一失！甚至有的投资者在数次假信号后，把这种技术指标的价值完全否定，进而彻底放弃这种指标，并去寻找更完美的指标！

彼得·林奇嘲讽说："有无数的专家在研究超买指数、卖空指数、头肩形模式、看涨—看跌比、联邦储备银行的货币供给政策、国外投资的情况、天上星座的运动，以及橡树上的苔藓，然而他们并不能始终如一地进行市场预测，他们比那些告诉罗马君王什么时候匈奴人来突袭的人也好不到哪儿去。"

最重要的，我们要牢记巴菲特如下教诲，从而掌握投资分析的本义，摆脱投机分析的干扰："在投资时，我们把自己当作是企业分析师——而不是市场分析师，也不是宏观经济分析师。"

六、不要急躁，你有充足的时间

急躁必然失败，争先恐后购买股票，只是怕踏空。这些人看到他人赚钱比自己多，着急了！看到行情上涨自己手中的股票不上升，更着急了！看到卖出的股票持续加速上涨，急上加急！急躁让人表情失态、心理失衡以及行为失控。此状态下，往往会追涨追在最高位，杀

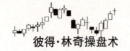

跌杀在地板价。面对疯涨与暴跌，保持平衡的心态是非常难得的，这就是一个成功的投资者最重要的标志。

彼得·林奇是这样说的：

"你有足够多的时间。不要有这种想法：你一想到某个概念就必须立即把它付诸实施。其实你有充足的时间让你对公司进行充分地研究。给我创造丰厚回报的股票都是我在关注它们第二年、第三年或是第四年、第五年之后才买进。在股市赔钱会赔得迅速，然而赚钱却赚得很慢。赚钱与赔钱之间应该存在某种平衡，但是事实上没有。"

"我想与你们谈一谈沃尔玛这家公司，这个公司于 1970 年上市。那时候它们有 38 家店，一个漂亮的历史经营记录以及一个坚实的资产负债表。在经过分拆——当然，沃尔玛的股票受欢迎永远不是由于分拆这个原因——调整以后，其售价是 8 美分/股。你可能会告诉自己，若我不在下个月买入沃尔玛的股票的话，我将会错过一生中最佳的投资机会。"

"5 年之后，沃尔玛达到了 125 家店，利润增长到 5 年前的 7 倍。你猜怎么样？股价上升至 5 年前的 5 倍，为 41 美分/股。"

"到了 1980 年 12 月，沃尔玛达到 275 家店，利润又次上涨至 5 年前的 5 倍。你猜怎么样？股价上涨到 5 年前的 5 倍，目前为 1.89 美元/股。"

"1985 年 12 月，它已经有 859 家店，这并没有将山姆会员店计算在内。在这个 5 年内，利润上升到原来的 6 倍，股价目前是 15.94 美元/股。所以你可以告诉你自己，天啊，这只股票从 8 美分上升到 15.94 美元。我买入的太迟了。我不应当再买入这些笨重的巨型公司。不，你这时候买入还不晚，一点也不晚。由于今天沃尔玛的收盘价为 50 美元。你有足够多的时间买入。"

"到了 1980 年，沃尔玛已上市 10 年了。其销售收入超过了 10 亿美元，资产负债表非常好，经营记录很好。真正让人奇怪的就是这些——投资于沃尔玛可能并不会给你创造巨额的盈利，但是若你在1980 年买入沃尔玛，持有现在你依然能够赚 25 倍，在这一时间段，这种回报率将把麦哲伦基金打得落花流水。顺便说一下，在这期间我并没有持有沃尔玛。当时我觉得它的股价太高。"

彼得·林奇获得富达的工作："当我申请为富达工作时，富达一共有 80 名员工。目前，我们的员工总数达到 7200 人。那时候富达求职者中有 25 名来自哈佛，总共有 50 名求职者争夺 3 个职位。我是沃顿的，我们以前经常开玩笑说，哈佛是二流学校，我们沃顿才是一流学校。无论怎么说，有许多求职者来自哈佛。然而我是唯一一个给总统当过 11 年球童的求职者，于是我得到了三个职位中的一个。"

"我在富达工作的最初时，我们有这样的一个笑话：能工作到下一个圣诞节的机会则是很好的圣诞节奖金了。这是一个可怕的开始。"

操作股票心态对一个投资者来说实在是非常重要了，它几乎影响你的整个股票操作过程。对于股票操作你是一个赢家还是输家，几乎取决于你的心态。要想成为赢家，操作股票想赚钱的话，你应当要有很好的心态。

此外，股票操作具有一种特殊的现象，就是群众操作股票心理已远超过其他因素，成为影响股票价格的最大力量。参与股票操作的投资人，很多是盲目的投资者和投机者。他们具有一个共同的目标，那就是想从股市中赚钱。

所以必须要做好"利益自享、风险自担"的心理准备。在股票下挫时，不要怨天尤人，不该丧失心态，否则的话便会影响你的判断力，作出错误的决定；而若你能保持很好的心态，理智地研究行情以及分析技术指标，你将可以避免不必要的亏损，并得到比较丰厚的收益。总而言之，一定要保持很好的心态！

每一个人进入股票市场中，都是带着一种想从中获利的心态而来，

绝不会有人想来这里赔钱。至于将来在股票市场中到底会出现什么情形，结果怎么样，却是任何人都无法一时说清楚的。在股票市场中，有各式各样的人和各种各样的事，交织成一片，为此，不知上演了多少人间悲喜剧！都说投资者痴，又有谁解其中味。只有掌握股票操作技能，又有一个好的心态，才能够为自己找寻到一条善战制胜之路，在股市中才能获得大量的利润。

再次强调，要想在股市中赚钱，必须保持从容平静的心态，才可以帮你洞若观火，在混乱而迷惘的股市中观察到将来的投资机会，辨别出那些真正有价值的股票。

第五章　彼得·林奇操作股票的策略

在彼得·林奇看来，不同类型的公司股票都有机会，关键是要看市场处于什么样的阶段。他认为，可以投资的公司有6种类型，它们分别是缓慢增长型公司、稳定增长型公司、快速增长型公司、周期型公司、隐蔽资产型公司以及困境反转型公司。这6类公司都能够为投资者创造利润，同时又为对风险和收益有不同偏好的投资者提供了可供选择的余地。彼得·林奇强调，首先分析确定公司股票的类型，对不一样的类型采用不一样的操作策略。

一、缓慢增长型公司

彼得·林奇将股票分为六种类型：缓慢增长型公司、稳定增长型公司、快速增长型公司、周期型公司、困境反转型公司以及隐蔽资产型公司。

彼得·林奇说，你买股票之前首先要判断自己买的是哪种类型的股票，接下来再采用对应的投机策略。

对于缓慢增长型公司最佳的投机策略则是：分辨出它们，不要购买这类公司。

那么，什么样的公司属于缓慢增长型呢？

缓慢增长型公司的特点是：

（1）流通盘特别大，在国民经济中处于举足轻重的地位，业绩增长比较缓慢。

（2）这类公司一般来说，通常规模巨大且并历史悠久，在一开始的时候，它们也与快速增长型公司一样有着比国民生产总值稍快一些的增长速度，只是后来当行业的整体增长速度慢下来时，该行业中的很多公司或因为精疲力竭，或因为事业已经达到了顶峰，或因为不能再充分利用新的发展机会而停了下来。

（3）一般高速类以及公用事业类的大盘股属于缓慢增长型的较多。彼得·林奇把电力公用事业上市公司定义为最常见的缓慢增长型公司。20世纪70年代，因为电力成本的大幅度增加，消费者开始学会节约用电，电力公用事业公司也因此失去了增长的动力。

（4）缓慢增长型公司的股票走势图是一马平川，看一下就像火箭一样一飞冲天的沃尔玛公司的股票走势图，你就会知道沃尔玛公司肯定不是缓慢增长型公司。

（5）缓慢增长型公司的另一特点就是定期慷慨地支付股息。其因在于当公司不能想出扩张业务的新办法时，董事会的这种做法在很多情况下可能是公司利润的最好运用方式。

彼得·林奇认为，若公司的增长速度不是迅速，其股票价格也不会上涨迅速。既然这样，把时间浪费在缓慢增长型公司上又有什么意义呢？

若你要想赚大钱，最好的策略是千万别买缓慢增长型公司的股票！

二、稳定增长型公司

彼得·林奇说，对于稳定增长型公司最佳的投机策略就是：选择好介入时机！

他认为，譬如可口可乐、百时美、宝洁、贝尔电话以及高露洁等，这样的公司就是稳定增长型公司，其特点是：

（1）这些拥有数十亿美元市值的庞然大物确实并不是那种反应敏捷的快速增长型公司，然而其增长速度要快于那些缓慢增长型公司。该类型公司盈利的年均增长率为 10%~12%。

（2）投资于稳定增长型股票是否能获取一笔可观的收益，取决于你购买的时机是否正确和购买价格是否合理。

（3）大部分稳定增长型股票市值规模都相当庞大，可以从百时美以及可口可乐这种大公司的股票上获得 10 倍的回报是极其罕见的。假如你拥有像百时美公司这样的稳定增长型股票，并且一两年之内该股票上升了 50%，你就开始考虑要不要把它卖掉了。

（4）在经济衰退或是经济低迷时期这种类型股票总能为我的投资组合提供很好的保护作用。你会看到 1981~1982 年，当整个国家的经济看起来将要崩溃并且股票市场随之也将崩溃时，百时美的股价表现却明显不同于整个股市，反而持续稳步上升，通常来说，在股市灾难发生的时候，百时美、Kellogg、可口可乐、MMM 以及宝洁公司则是投资者的好朋友，你懂得它们将来也不会破产，而且它们的股票迅速上涨就会被市场重新估价，股价就会重新恢复到过去的水平。

稳定增长型公司许多行业都有。通常处于行业龙头的上市公司，每年都属于业绩增长较为稳定的。

购买稳定增长型公司的股票，只要把握好投机的时间和价位，风险是极小的，比如公司业绩的稳定增长会带动股价上涨。

投资关键：在正常情况下，这类公司上一两年能获得 50% 的回报，就必须考虑卖出了；在经济衰退或者低迷时期，这类股票是最佳的防御品种。

三、快速增长型公司

彼得·林奇说，对于快速增长型公司最佳的投机策略是：逢低买进，长期持有！

至于快速成长公司，彼得·林奇这样说道："我所找到的快速增长型公司就是那种资产负债表很好又有巨额利润的公司。关键要计算出它们的增长期什么时候会结束以及为增长所付出的资金有多少。理解以前销售增长的原因有利于你正确判断以前的增长率能否继续下去。我当然愿意以市盈率20倍的价格买入一个每年有25%增长率的公司。"

快速增长型公司则是彼得·林奇最喜欢的股票类型之一。彼得·林奇是这样认为的：

（1）新成立不久、规模小、成长性强、年平均增长率为20%~25%。假如投资者能够明智地选择，就会从中发现能上涨10~40倍甚至200倍的大牛股。

（2）快速增长型公司并不一定属于快速增长型行业。酒店行业的年增长率只为2%，然而万豪国际酒店集团公司在过去10年通过连续抢占该行业的大部分市场份额，它的年平均增长率达到了20%。同样的情况也发生在百货业的沃尔玛公司、快餐业的Taco Bell公司和服装零售业的The Gap公司身上。这些爆发性成长的公司把握了迅速成长的经验，它们在一个地方获得成功以后，迅速将其成功的经验一次又一次加以复制，一个又一个购物中心、一个又一个城市，持续向其他地区扩张。随着公司连续开拓新市场，盈利快速增长，因此推动了股价急剧上升。

（3）快速增长型公司也会存在许多经营风险，特别是那些头脑过热而财务实力不足的新公司更是这样。华尔街对于那些摆脱困境之后变成了快速增长型公司绝不会看在以往表现很好的情面上心慈手软，一旦出现这种情况，华尔街会把其股价迅速打压得一落千丈。

（4）20 世纪 60 年代塑料行业就是一个快速增长型行业。陶氏化学公司进入了塑料行业，缔造出了爆炸性的高成长，成为投资者接连几年追捧的快速增长型公司，此后随着其增长速度放缓，原先备受投资者青睐的陶氏化学公司变成了一个普通平凡的化学公司，拖着沉重的步伐缓慢地前进，随着经济周期波动而上下起伏。一直到 20 世纪 60 年代铝业和地毯业依然是快速增长型行业，然而当这些行业成熟之后，这些行业中的公司就变成了与国民经济生产总值同步增长的缓慢增长型公司，它的股价走势一点儿也引不起投资者的兴趣了，简直让人看了直打哈欠。

（5）一旦快速增长型公司的规模发展壮大，它就会如同格列佛在小人国里似的遇到进退两难的困境，因此它再无法找到进一步发展的空间。然而只要能够连续保持较快的增长速度，快速增长型公司的股票就会一直是股市中的大赢家。

（6）投资快速增长型公司股票的秘诀是搞清楚它们的增长期什么时候会结束以及为了分享快速增长型公司的增长所付出的买入价格应该是多少。

在彼得·林奇看来，只要能持续保持较快的增长速度，快速增长型公司的股票便会一直是股市中的大赢家。

那么，什么样的公司属于快速增长型呢？

其特点是：流通盘较小，大多数在 1 亿元之下，个别极少数的可以在 2 亿元之下。净资产与公积金比较高，股本扩张能力很强。公司的业务持续扩大，业绩增长很快。

四、周期型公司

彼得·林奇认为，对于周期型公司最佳的投机策略是：不熟不做！

他如此说道："当我的初衷并不是说由于经济处于复苏的早期阶段就去买入周期性股票，推荐这些股票只不过是由于它们正好是我研究的公司中最合算的，正好都是在周期性行业而已，而这正是盈利增长的方向。一家周期性公司的市盈率非常低时，通常是一个繁荣期到头的信号。"

周期型公司的特点：

（1）周期型公司指的是那些销售收入和盈利以一种并不是完全能准确预测却很有规律的方式不断上涨和下跌的公司。在增长型行业当中，公司业务一直在连续扩张，而在周期型公司中，公司发展过程就是扩张、收缩、再扩张、再收缩，这样不断循环往复。汽车、航空公司、轮胎公司、钢铁公司以及化学公司均是周期型公司。由于它们的盈利随着各届政府政策的变化而相应上涨与下跌。

（2）周期型公司的股票走势图看起来犹如对说谎者进行测试时测谎器所绘出的曲线，或是阿尔卑斯山脉起伏的地图，与缓慢增长型公司类似于特拉华州平坦地势的股票走势图形成了鲜明对比。

（3）当经济走出衰退进入繁荣阶段的时候，周期型公司股价的上升要比稳定增长型公司快得多，反之，经济开始衰退的时候，周期型公司股东的钱包也会严重缩水。假如投资者在错误的周期阶段买入了周期型公司的股票，会迅速亏损一半还要多，而且还要等上好几年时间才会再次看到业务重新繁荣。

（4）周期型公司股票是一切股票类型中极易被误解的股票，由于主要的周期型公司都是些大型的著名公司，投资者会很自然地把它们与那些值得信赖的稳定增长型公司混为一谈。

彼得·林奇认为，时机选择就是操作周期型公司股票的关键，投资者应该能够发现公司业务衰退或者繁荣的早期迹象。假如投资者在与钢铁、汽车、航空等有关的行业中工作，那么投资者已经具备了投资周期型公司股票的特殊优势，此优势特别是在周期型公司股票的投资中更为重要。

克莱斯勒与房利美代表的玄妙周期。彼得·林奇对克莱斯勒虎口拔牙的冒险之举实际上是一个大胜率。借助明星产品和英雄企业家艾柯卡，克莱斯勒从破产边缘完美回归。此时，里根上台，401K以及道琼斯逼近前期高点，彼得·林奇对于经济复苏的信心增强。他坚定认为，麦哲伦基金公司将从极端高利率的回归中受益。高利率压制购车与购房需求，利率下跌之后汽车和房地产行业受益最大。

既然认定汽车行业即将复苏，剩下的则是选标的的问题了。克莱斯勒账面现金超过10亿美元，短期不会破产，在BIG3（通用、福特、克莱斯勒）中基本面很差，业绩弹性很大。1982年，彼得·林奇通过调研了克莱斯勒在研的车型，并与艾柯卡等高管深入沟通，他很快买入到持仓上限。

汽车业复苏获得确认之后，彼得·林奇乘胜追击。他又购买福特、沃尔沃、斯巴鲁、通用、标致等，在汽车行业的仓位超越10%。从1982~1988年，汽车一直是麦哲伦基金最重要的行业板块，净值贡献最大。将汽车股的复苏周期从头吃到尾，是麦哲伦基金公司最成功也是最重要的投资。

彼得·林奇精准掌握了房利美的转型故事。房利美过去的业务是短借长贷，以短期借款买入长期住房抵押贷款。财务模型类似于中国分级债基的进取端，对于这家玩利率游戏的强周期型公司，彼得·林奇认定它将在利率降低和房地产行业复苏中双重受益。从1982年开始，房利美开始打包住房抵押证券，收取1%的差价。房利美将风险转嫁，开

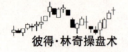

始变成住房抵押贷款的"平价"批发商，并且累积起上万亿美元的规模。彼得·林奇将房利美买到持仓上限，大赚超过5亿美元。

五、困境反转型公司

困境反转型公司就是指那种已受到严重打击一蹶不振而且几乎要依照法律规定申请破产保护的公司。其既不属于缓慢增长型公司，也不是业务即将会复苏的周期型公司，它们具有可能造成公司灭亡的致命伤。

困境反转型公司的股价通常能够很快速地收复失地，这已经为很多这类公司的情况所证明。虽然并不是所有的困境反转型公司股票都可以困境反转，然而偶然几次的成功让投资这类公司的股票在整体上投资回报极其丰厚。

彼得·林奇如此讲道，投资困境反转型公司股票的最大好处在于在所有类型的股票中，这类股票的上升和下挫与整个股票市场涨跌的关联程度最小。假如你想短期持有一只股票，你必须找出一家利润率较低的困境反转型公司，当经济情况出现好转时，整个行业内拥有最低利润率的公司将会成为最大的赢家。

投资困境反转型公司股票必须学会区分不同类型：

（1）大公司遭受暂时困境。假设是超强竞争优势的大公司发生了利空，这类公司通常是很好的投资机会，比如当年巴菲特买入美国运通、可口可乐的股票，还有彼得·林奇买入克莱斯勒的股票。大公司树大根深，堪称百足之虫，是没有那么容易倒下的，不过对这类公司要认真分析：公司目前的困境是什么原因导致的？公司最根本的竞争优势是否还存在？公司复兴的根据在哪里？是否有卓越的企业家出来力挽狂澜？

总的来说，必须多问几个"为什么"，不断地研究，这类公司最好就是事先做足功课而苦于没机会以合理价格介入的为好。这类公司尽管好，然而也需要有非凡的眼光和胆识，并且必须对公司所处产业有深刻的理解，能非常肯定地得出结论"公司的困境是暂时的、轻微的"、"公司的竞争优势完整无缺"，总之，这类公司的投资也算得上是"可遇不可求"，毕竟大公司遭遇巨大困境的情况不大多见，并且这类情况出来了，自己是否分析出来真实的情况、是否大智大勇的买入，也是对投资者的能力和眼光的一种考验。

（2）积贫积弱的公司。此类公司大多数是经营方向就有问题，产业结构也很差，再遇上拙劣的管理者，最后公司积贫积弱。这类公司唯一的出路就是清算或者寻找强有力的公司来重组，若是清算，必须要关注公司是否有特殊资产和隐蔽资产。

（3）周期性公司。周期性公司通常业绩摇摆不定，行业景气的时候能够大赚，行业不景气的时候就会出现巨大的亏损，它们的困境反转取决于行业复苏和行业的长期前景。对于周期股，行业专家通常比业内人士要认识得更深刻一些，也更早点能识别行业复苏。此类公司能不能做，就要看投资者的能力圈是否够大、够厚实了。

（4）包装型的骗子公司。财务造假中外都有，也无法完全消除，很多公司进行利润操纵或者虚假包装上市，"一年绩优，两年绩平，三年巨亏"、"不亏则已，一亏惊人"，此类公司有的虚构收入，有的操纵成本，有的计提秘密准备。此类治理太差的公司，最好不要碰，必须知道"厨房里绝不是只有一只蟑螂"，此类突然亏损的公司，只能远远地避开。

总而言之，只有"好公司遭受暂时困境"与"周期性公司遭受困境"这两种"困境反转型"的情形好掌握一点，其他类型的只有赌重组了，这种不确定性太高了。

至于周期股是否能够投资，不必要画地为牢，这取决于投资者个

人的能力圈和知识结构，周期股也有很多优秀的公司，很多公司经营得当，由强周期股变成了弱周期股，比如美国西南航空公司，这类公司行业低谷时也能够有一定盈利，行业景气时可以大赚，显示出了不俗的持续竞争优势。

对于困境反转型公司，最难分析的依旧是一些关键问题，譬如"什么因素导致了公司的困境？""困境是短期的、暂时的，还是长期的、根本性的？""竞争对手这时会采用什么措施？是否会落井下石？"这些判断是最重要的，这没有捷径可走，完全取决于投资者事前的功课以及分析的功力、判断的眼光。

六、隐蔽资产型公司

隐蔽资产型公司指的是在任何一家上市公司中，某一个投资者关注到了这家公司所拥有的而很多大众投资者却没有注意到的价值非同一般的资产的那些公司。投资隐蔽资产型公司股票的当地人可以运用当地优势能够获得最大的投资回报。这种隐蔽资产可能很简单，只是一大堆现金，有时候隐蔽资产则是房地产。

彼得·林奇说，假如他们家早点装上有线电视，让他可以早些看到他的小女儿贝丝是多么喜欢迪士尼动画频道，安妮是多么盼望去看Nickelodeon电影节目，他的大女儿玛丽多么欣赏音乐电视频道的节目，卡罗琳是多么迷恋贝蒂·戴维斯主演的老电影以及他自己是多么爱看CNN新闻和有线电视体育频道，可能他就会知道有线电视就犹如自来水或电力那样是每个家庭不可缺少的一种公用事业服务。由此可见，在分析公司以及行业发展趋势时个人亲身体验的价值是难以估量的。

在彼得·林奇看来，最典型的隐蔽资产型公司可能是佩恩中央铁路公司。这家公司什么类型的隐蔽资产都有：抵扣所得税的巨额损失、现金、佛罗里达州大量的土地、其他地方的土地、西弗吉尼亚的煤矿

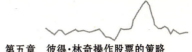

以及曼哈顿的航空权。任何一个跟这个公司打过交道的人都可能发现它的股票很值得购买，实际上这只股票后来上涨了8倍。

根据彼得·林奇的总结，隐蔽资产可能存在以下情况：

（1）原料或者存货价值。企业的原料或者存货的账面价值，可能是运用"先进先出法"计量的。当这些原料或者存货的市场价格一路上扬时，账面价值可能会低估它的实际价值。在运用重置成本法估算企业的内在价值时，必须对这部分资产的价值进行调整。

典型的是企业原料或者存货为贵金属和原油的情况。库存贵金属的入账价格是多年之前的购买价格，而现在这些贵金属的价格已翻了无数倍；又如石油公司库存石油的增值部分，在账面上也是无法体现的。

（2）无形资产价值。资产负债表中有一项称之为"商誉"（假如金额不大，也可能放进"长期股权投资"项），反映的就是该公司收购其他公司支付的收购价格超过被收购公司的账面价值的余额。这部分余额将在比较长的时间内从公司的收入中按年摊销掉。而从产业整合者或者并购者的角度来看，所收购的品牌价值可能不但没有如会计处理般归于零，反而可能随着公司的增长而出现增值，然而这部分增值是不会在账面上体现的，可能在公司将该品牌出售或公司被并购时得以释放。国外的可口可乐、IBM以及国内的万科等，均属于这样的无形资产。

如何判断"商誉"是高估还是低估了品牌价值？假如可以将无形资产分解为技术能力、消费者忠诚度、分销网络以及特许经营权等方面的价值，就能够用年研发费用、广告费用、销售费用以及一般管理费用的一定倍数，来衡量这些无形资产的重置成本。这里的"倍数"的确定由于行业和公司的不同而不同。对于最重要的无形资产来说，特许经营权另行专门进行评估。

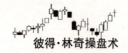
（3）专有权利。专有权利就是我们常说的特许经营权或者许可证，包括药品专利权、移动电话牌照、有线电视的特许经营权、电视以及广播电台的商誉价值等。这些特殊的无形资产往往也反映在资产负债表中的"商誉"里，接着依照既定的摊销政策按年摊销，而事实上这种专有权利反而可能增值，并且很可能在公司出现并购重组时得以释放。

与其他无形资产不一样的，可能就是专有权利价值的衡量方法。衡量特许经营权许可证价值最保险的方式，则是参考市场中出售类似权利的理性购买价格。

（4）房地产价值。这里不但指房地产公司的土地和房产的价值，更可能就是指非房地产公司的房地产业务或房地产升值带来的价值，比如铁路公司、高科技园区企业等。

投资隐蔽资产型公司的机会虽然随处可见，然而必须对拥有隐蔽资产的公司有着真实的了解，一旦清楚了解了公司隐蔽资产的真正价值，所需要做的只是耐心等待。

七、对于六种类型公司的思考

关于怎样寻找赚钱的股票，前面已经讲过，彼得·林奇还有许多独特的方法，譬如他把上市公司分成6种不同的类型：缓慢增长型公司、稳定增长型公司、快速增长型公司、周期型公司、隐蔽资产型公司以及困境反转型公司。这6种不同类型具有不同的特点以及投资方法，并且林奇对不同类型公司股票的预期收益也不一样。这是一种很简单的分类和框架模型，这种模型的好处就是会减少投资者对不同类型股票的不切实际的期望。譬如，假如你持有的是缓慢增长型股票，则就不应该指望它会有多么了不起的表现；相反，若你持有的是快速增长型股票，则就不应该轻易地把它卖出。

还有就是每一个投资者都难以回避的上市公司财务报表的分析，彼得·林奇对这作了一个简单的财务讲座，并且对投资者应该关心的每一种著名数字作了详细的案例分析，这样投资者就不会再对厚厚的上市公司报表无从着手。

彼得·林奇说，每一种类型的公司均有获利的方式，然而最好的方式是投资于快速成长型公司。

必须注意企业的类型并不是一成不变的：

（1）从快速增长型公司到缓慢增长型公司——曾经的公用事业，在美国战后基础设施很多建设时期是快速增长行业。

（2）有色行业。快速增长—缓慢增长—周期—困境反转（实际上困境反转是周期类的一种，从底部起步的一种形态）。

让一家公司有着投资价值最重要的是收益与资产价值。不管是快速增长型还是缓慢增长型公司，其收益增长幅度都必须不小于股票价格的增长幅度，否则股价就是高估了。

彼得·林奇认为，一家公司可以运用5种办法来增加收益：削减成本、提高价格、拓展新市场、原有的市场上卖掉更多产品、救活关闭或者运用其他方法处理赔钱的业务。对于投资者而言，定期查看这家公司这五方面的进展就行了。除了阅读报表之外，可行的获得信息的方法是向经纪人咨询、给公司打电话以及去公司参观等。在阅读报表的时候，必须注意获取的信息：

（1）资产负债情况。譬如现金是否充足，长期债务若超过了现金量，现金正在减少而债务正在增加就很不利。流动资产能否足够偿付短期债务。债务结构是不是合理，假如是发行债券的长期债务比银行贷款要好些，只要能够按时支付债券利息，短期内不会有兑付本金的要求。有多少债务，对困境反转型公司与陷入困境的公司来说特别重要，债务越多负担越重。彼得·林奇很重视公司是否有足够的现金流，

在他看来，运用流动资产中的现金账项去除以流通股本所得到的每股净现金值，很重要。譬如福特汽车，股价为 38 美元，而每股净现金值为 16.30 美元，他就可以看作用 21.70 美元购买了该股票（38–16.3），而且认为股价不会下跌到 16.30 美元之下。接下来他将福特汽车公司报表中不属于汽车类的收益从股价中剥离，就是把旗下金融服务公司的每股 1.66 美元的收益×该行业平均市盈率（10）= 16.6。这则意味着单汽车这一业务的股价是 21.7–16.6=5.10 美元，而预期汽车业务的每股收益为 7 美元。如此算下来，福特汽车的股票风险是极小的。没有负债的公司，就不会破产。

（2）股息。无论在什么样的经济危机中，长期派息又不断增加股息的蓝筹股都是受到追捧的。

（3）账面价值与隐形资产。弄清楚公司的账面价值是不是被高估？譬如纺织厂积压的布料尽管账面价值是 4 美元而实际上无人购买，对公司的增长是完全没有好处的。而有的公司的隐形资产又不记在账面上的。譬如商誉、土地以及自然资源的增值。

（4）现金流收入。指的是扣除资本投资支出之后的自由现金流收入。

（5）存货。当存货增加速度超过销售量的时候，则是很危险的。

（6）养老金计划。企业的养老金负债若超过了养老金资产就不太好了。

（7）增长率与净收益。

最后，彼得·林奇建议必须要每隔几个月查看公司的经营状况。公司发展从创业期—快速扩张期—成熟期。公司状况的变化必须及时了解。

彼得·林奇依然根据对 6 种类型公司的分类来解释各类股票抛出的原因。

（1）缓慢增长型公司。不要希望能从这类公司中获得很高的收益。

当其股价超过收益或者市盈率高过同行业其他公司的时候，应该抛出了。或是有情况表明公司的利润可能下挫，公司增长率已放缓。

（2）稳定增长型公司。彼得·林奇自己会在这类股票升值30%~50%或者基本面出现改变时抛出。基本面改变是譬如市场份额缩小、资产负债情况恶化、分红已不足以吸引投资者等。

（3）快速增长型公司。市盈率高到简直不可思议、公司当前的发展方向看起来已经到极点，譬如假日酒店已经开得到处都是，接下来或许只能往火星发展、销售额降低、公司重要员工被对手挖走、公司开始进行大规模的宣传。

（4）周期型公司。最佳的时机是在周期结束时，然而无人知道是什么时候，或许是公司的存货开始增加，商品价格开始下跌，公司的成本开始上涨或者是在竞争中落入下风。

（5）困境反转型公司。转型结束，困难已解决并且所有的人都已经了解。负债开始升高、存货增加、市盈率高于预期收益率。

（6）隐蔽资产型公司。等着可能会出现并购并造成股价成倍上涨。机构投资者蜂拥而至、公司宣布将增发股票融资为多样化经营、销售下跌，都可能是抛出的理由。

表5-1 彼得·林奇各类型公司的投资策略

类型	公司特点	投资注意事项	卖出时机
缓慢增长型公司	1. 几乎不可能倒闭的大型公司 2. 稳定而较高的派息 3. 增长率较低，仅略高于GDP 4. 多数为公用事业	1. 要能承受缓慢的股价上涨走势 2. 公司管理相对稳定	1. 升值30%~50%或基本情况恶化时抛出 2. 分红吸引不够 3. 营收连续下降，收购效益低
稳定增长型公司	1. 具行业优势，属不可缺少行业 2. 净利润年增长率10%~12% 3. 常是著名的巨型公司或蓝筹股	1. 检查可能导致经营状况恶化的多样化经营情况 2. 检查公司的长期收益增长率是否保持比较一致的速度	1. PE远高于同行业正常水平 2. 短期股价上涨达30%~50% 3. 公司增长率开始放慢 4. 引进新产品但前景不明

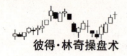
类型	公司特点	投资注意事项	卖出时机
快速增长型公司	1. 规模较小，年增长率至少50% 2. 一般存在于快速增长行业中，但不绝对	1. PE超过40倍都很危险 2. 具较高的长期风险 3. 要时刻关注公司的成长是否有减缓或恶化迹象	1. 销售额开始下降，库存增加 2. 年净利润低于30%，而PEG远高于1
周期型公司	1. 业绩具明显周期性 2. 易被误解为稳健增长型公司 3. 萧条期有迹象结束的时候能带领市场走出低迷	1. 必须了解该行业的周期 2. 周期型公司的股价变动相对于基本面有越来越提前的趋势	1. 主营产品价格进入下行周期，业绩开始下降 2. 行业出现明显的投资过热迹象
困境反转型公司	1. 经营陷入困境或业绩持续亏损或资产重组型 2. 投资有问题的公用事业类公司或资产结构较佳的公司更好	复苏一般经历四个阶段：灾难当头、危机管理、财务稳定及最终复苏，买入时机可以选择第二或第三阶段	1. 转型结束后困难已解决并且没有人不知道这一点 2. PE与预期收益率相比膨胀
资产隐蔽型公司	具隐形资产，其账面价值与实际价值严重不符	耐心守候	1. 有人想出来并购时 2. 股东人数大幅增加

八、彼得·林奇必须回避的六类股票

在选股方面，彼得·林奇和巴菲特相似，讲究基本常识，对高科技股通常不碰，碰了也不那么成功，下面是彼得·林奇回避而不买的六类股票。

1. 热门行业的热门股

大家通常对热门股追捧得趋之若鹜，彼得·林奇却对热门股极力回避："假如有我不愿购买的股票，那它必然是最热门行业中最热门的股票。"

彼得·林奇认为，热门股之所以这样热门，是由于其股价上涨得很快，快得总是令人感觉不可思议。非常遗憾的是，热门股下跌起来也迅速，甚至比上涨还要迅速，迅速得让你找不到脱手的机会。

若说有一种股票我避而不买的话，那它必然是最热门行业中最热门的股票，这种股票受到人们最广泛的关注。

热门股票上涨得迅速，总是会上涨到大大超过任何估值方法能够估计出来的价值，然而由于支撑股价快速上涨的只有投资者一厢情愿的希望，而公司基本面的实质性内容却如同高空的空气似的稀薄，因此热门股跌下去和涨上来的速度同样快。有很多从风光无限迅速走向一败涂地的热门行业，正好是在分析师们预测说这些行业将永远保持两位数的增长速度时，这些行业不仅不再增长反而开始下降了。通常说来，高增长行业与热门行业吸引了很多希望进入这些行业淘金的聪明人，企业家与风险投资家都在彻夜不眠地盘算着如何才能尽早地进入这些行业。如果你有一个稳赚不赔的商业创意，但却无法用专利或者利基来进行保护，那么一旦你得到成功，你就必须防备其他人群起效仿，在商界，效仿是一种最不纯粹要命的攻击方式。

20世纪60年代再没有一只股票能够比施乐公司的股票更热门了。当时复印行业是一个神话般的行业，施乐公司从上游到下游控制了整个复印行业，甚至"施乐"成了复印的代名词，这本来应该意味着施乐公司有着很好的发展前景，大多数分析师也都这样认为。

1972年当施乐股价高达170美元的时候，他们断言施乐公司将会无限期地继续保持增长，然而随后日本佳能、IBM以及伊士曼·柯达公司都进入了复印行业，迅速就有20家公司的复印机都能像施乐一样复印出完全不同于原先潮湿文件的干爽整洁的文件。

施乐公司对这种激烈的竞争很惊恐，因此收购了与复印不相关的企业以进行多元化经营，然而它却根本不懂得如何经营这些收购来的企业，结果多元化经营失败造成股价下跌了84%，然而施乐的那几家竞争对手也好不了多少。20年以来，复印行业已经发展成为一个规模巨大的行业，行业需求从未下降过，而复印机生产企业却不能获得任何利润，仅仅在激烈的竞争中苦苦挣扎。

2. 那些被吹捧成"下一个"的公司

另一种我避而不买的股票是被吹捧成下一个IBM、下一个麦当劳、

下一个英特尔，或是下一个迪士尼之类公司的股票。就我个人的经验来说，被吹捧成下一个的公司几乎从来都不会真正成为它的楷模一样卓越非凡。实际上，当人们将某一只股票吹成是下一个什么股票时，这说明不仅作为后来模仿者的这家公司的股票气数已尽，而且那只被追随的楷模公司也将要成为明日黄花。

当其他的计算机公司被称为"下一个IBM"的时候，你可能会猜到IBM必将会经历一段困难时期，实际上IBM后来确实陷入了困境。目前很多计算机公司都努力避免成为下一个IBM，这或许意味着当前身处困境的IBM反而在将来有可能变得前途光明。

被称为是"下一个美国玩具反斗城公司"的是儿童世界，结果这家公司后来步履维艰；被称为是"下一个Price Club"的是仓库俱乐部，其日子也不好过。

3. "多元恶化"的公司

彼得·林奇认为，那些盈利很好的公司往往不是把赚来的钱用于回购股票或提高分红，而是更热衷于将钱浪费在愚蠢的收购兼并上。大概每10年一个轮回，公司好像总是在两个极端之间进行折腾：一个10年是大量收购疯狂地进行多元恶化，接着另一个10年则是疯狂地大量剥离。收购成功的技巧在于，你必须懂得如何选择正确的收购对象，并且收购之后能够对收购来的公司加以成功管理，从而起到协同作用。

从罗马帝国开始起进行多元化把帝国版图扩张到整个欧洲及北非之后，20世纪60年代是"多元恶化"最流行的年代。在1973~1974年股市大崩盘的时候，华尔街最后才认识到，即便是最优秀、最聪明能干的管理人员也并不像大家所认为的那样才华横溢，即便是最有魅力的公司管理者，也不可能将他们收购来的所有"癫蛤蟆"都变成"青蛙王子"。假如巴菲特死守纺织业务的话，我们当前就不会听到巴菲特及其管理的伯克希尔·哈撒韦公司如雷贯耳的大名了。

4. 当心小声耳语的股票

彼得·林奇认为，人们对这些股票的小声耳语有种催眠作用，很容易让你相信，通常这家公司所讲的故事有一种情绪感染力让你容易意乱情迷。我总是尽量提醒自己，如果公司的前景非常美好，那么等到明年或后年再投资仍然会得到很高的回报。为什么不暂时等等呢，等公司用业绩证明了自己的实力以后。

对于这种让人心潮澎湃的一旦冒险成功将得到巨大回报然而成功机会极其微小的高风险的股票，投资者的心理压力在于：望洋兴叹在首次公开发行（IPO）时买入，否则的话后悔也来不及了，而这种观点实际上很少情况下是正确的，尽管偶然几次提前申购新股确实可以让你在上市的第一天就能够获得惊人的回报。

新成立的公司首次公开发行股票的投资风险很大，因为这些股票将来上升的空间非常有限。然而那些从其他公司中分拆出来独立上市的公司首次公开发行的股票让我赚了不少的钱。

5. 过于依赖大客户的供应商公司股票

彼得·林奇认为，如果一家公司把 25%~50% 的商品都卖给了同一个客户，这表明该公司的经营处于十分不稳定的状态之中。如果失去这个客户，那会给公司带来毁灭性灾难。除此以外，大客户还拥有很大的谈判优势可以逼迫供应商降价和提供其他优惠，大大压缩利润。

譬如，SCI Systems 公司管理很好，是 IBM 计算机的主要零部件供应商，然而你很难预料 IBM 什么时候会自己生产所需的配件或者变得不需要这种配件也同样能够生产，所以取消与 SCI 的供应合同。假如失去某一个重要客户会给一家供应商公司带来毁灭性的灾难，则我在决定是否购买这只股票时就会很谨慎。除了取消合同的风险以外，大

客户还拥有极大的谈判优势能够逼迫供应商降价和提供其他优惠，这一定会大大压缩供应商的利润空间，所以买入这种过于依赖大客户的供应商公司的股票几乎不可能获得很大的利润。

6. 小心名字花里胡哨的公司

彼得·林奇认为，一家好公司名字单调乏味，最初会让投资者闻而远之，而一家资质平平的公司如果名字起得花里胡哨却可以吸引投资者买入，并给他们一种错误的安全感。

只要公司的名字里有"主要"、"高级"以及"微型"等字样，或是公司的名字中有一个"x"，或是用首字母组成的神秘缩写词，便会让投资者一见钟情。

譬如瓶盖瓶塞封口公司（Crown，Cork，and Seal）没有改名字实在是太好了，假如它听从公司形象顾问的建议把名字改成 CroCorSea，一定从公司刚开始上市就会吸引很多的机构投资者密切跟踪，那么业余投资者就根本没有机会低价买入了。

九、彼得·林奇操作股票四大法则

彼得·林奇的投资智慧是从极其简单的生活方式中研究总结出来的，在他的《彼得·林奇的成功投资》一书之中，他详细阐述了自己多年来的操作心得，深受大家追捧。

彼得·林奇的操作理念可以用简单的一句话来概括，那就是好公司的股票迟早会有很好的表现，所以林奇崇尚对上市公司的分析与调查，不过，彼得·林奇并不认为对上市公司的分析和调查需要如何高深的知识与方法，这并非基金经理们的特权，相反地，他认为每一个普通的投资者只要运用自己3%的脑力就能在选择股票时，与那些处在平均水平之上的华尔街专业人员选得一样好。

对于寻找值得投资的股票，彼得·林奇通常是从生活中和身边的事

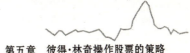

情开始，他的主要思路就是产品—上市公司—股票这个顺序。从生活中发现畅销产品并挖掘出可以上升几倍的潜力股票正是彼得·林奇的强项，也是其草根企业调查文化的典型模式。当然，这与美国的上市公司达到上万家，几乎每一种产品后面均有上市公司的背景有关。

下面是彼得·林奇操作股票的四大法则。

1. 寻找沙漠之花

低迷行业成长极其缓慢，经营不善的弱小者一个接一个被淘汰出局，幸存者的市场份额随之逐渐扩大。一个公司可以在一个陷入停滞的市场上连续争取到更大的市场份额，大大胜于另一个公司在一个增长快速的市场中费尽气力才能保住日渐萎缩的市场份额。

彼得·林奇总结的低迷行业中优秀公司的共同特征。

（1）公司以低成本著称。

（2）管理层节约得像个吝啬鬼。

（3）公司尽可能避免借债。

（4）拒绝将公司内部划分成白领与蓝领的等级制度。

（5）公司员工待遇很不错，持有公司股份，能分享公司成长创造的财富，从大公司忽视的市场中找到利基市场，从而构成独占性的垄断优势。

2. 逛街选股

彼得·林奇通过研究发现，很多股价涨幅最大的大牛股，通常就来源于数以百万消费者经常光顾的商场，包括家得宝、盖普以及沃尔玛。只要在 1986 年投资上述的公司，持有 5 年，到 1991 年底就会上涨 5 倍的市值。

3. 利空寻宝

因为经济周期的变化，股市的大多数股票都会随着上扬或下挫，其中不少的股票还会被退市，如何通过价值分析来降低风险获利呢？

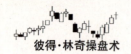

通过反经济周期的操作方式，在利空的环境之下寻宝。假如一家公司在经济环境不佳的情况下还可以增长，则在经济复苏的周期之中，一定会成为大牛股。

4. 跟着嘴投资

受益于 20 世纪 50 年代与 70 年代两次婴儿潮，20 世纪 80 年代美国曾经迎来快餐业的蓬勃发展，在彼得·林奇研究的餐饮股当中，大多数股票上升了几十倍到几百倍，我们比较了解的麦当劳就上升多达 400 倍。

与零售业一样，假如一家餐饮企业能够培养消费者永久的口味与习惯，并且连续推陈出新，则这家企业股票就可以长时间的增长。

第六章 彼得·林奇的基本面分析方法

彼得·林奇是基本面分析代表人物之一，他的选股切入点严格地遵照自下而上的基本面分析，即集中关注投资者自己所了解的股票，应用基本分析法以更全面地理解公司行为，这些基础分析则包括：充分了解公司自身的经营现状、前景与竞争环境，以及该股票是否以合理的价格买入。

一、彼得·林奇的基本面分析要点

彼得·林奇是基本面分析代表人物之一，他的选股切入点严格地遵照自下而上的基本面分析，即集中关注投资者自己所了解的股票，应用基本分析法以更全面的理解公司行为，这些基础分析则包括：充分了解公司自身的经营现状、前景与竞争环境，以及该股票是否以合理的价格买入。他在《彼得·林奇的成功投资》一书中是这样叙述的：

第一步，你已经搞清自己所研究的公司股票空间是属于缓慢增长型、稳定增长型、快速增长型、困境反转型、隐蔽资产型、周期型公司这六种类型当中的哪一种类型。第二步，依据股票的市盈率倍数，你可以大概估计一下，这只股票现在的价位水平相对于公司不久的未来发展前景来说是低估了还是高估了。接下来第三步是要尽量详细地了解公司正如何经营运作以使公司业务更加繁荣，增长更为强劲，或

是实现其他预期将会产生的很好效果，这就是我们最想要知道的公司未来发展的"故事"。

除了隐蔽资产型公司（你只要耐心抱牢这种公司的股票，等待别人来重新发现这种公司拥有的房地产，或是石油储备，或是电视台等隐蔽资产的真正价值）以外，对于其他类型的公司来说，你应该寻找能推动这些公司收益持续增长的动力因素。你越能确定这种推动公司收益增长的动力因素到底何在，你就越能确定公司将来发展前景将会如何。

假如你已经因工作或者生活原因对于某家公司或者某个行业特点熟悉与了解，你就可以比专业投资者更详细有效地分析公司的将来发展前景。

在下单买入一只股票前，我喜欢进行一个两分钟的独白，内容主要包括：我之所以对这只股票感兴趣的原因是什么、需要具有哪些条件这家公司会获得成功、这家公司将来发展面临哪些障碍。讲述这家公司将来的发展前景，假如连一个小孩子也能听懂你的分析，则表明你已经真正抓住了这家公司发展的关键了。

你必须在下单购买前的两分钟独白中重点阐述如下这几个主题：

若你考虑购买的是一家缓慢增长型公司的股票，我们可以假设你的投资目的是为了获取股息（不然的话干吗要购买这种股票），所以你对这家公司的股票进行分析时必须重点关注的因素包括："这家公司在以往10年间每年收益均在增加，股息收益率很吸引人；它从未降低过股息或是推迟过派发股息，实际上无论公司的经营情况是好还是差，它一直都在提升股息，包括在以往的3个经济衰退期也同样是这样的。它是一家电话公用事业公司，而且新开展的移动电话业务可能会给公司提供强劲的增长动力。"

假如你考虑买入的是一家周期型公司的股票，则你应该围绕公司

业务状况、存货增减以及销售价格来思考公司的将来发展。"汽车行业已经连续下滑 3 年了，然而今年开始明显好转。我之所以这样认为，是由于最近汽车销售量第一次全面上升。我关注到通用汽车公司的新款车型销售情况很好，在以往的 18 个月中这家公司已关闭了 5 家效率低下的工厂，劳动成本下降了 20%，收益一定会大幅度增长。"

假如你准备买入的是一家隐蔽资产型公司的股票，你必须了解这家公司的隐蔽资产是什么？这些资产的价值为多少？"这家公司的股价为每股 8 美元，然而仅录像带业务的价值就相当于每股 4 美元，而且它所拥有的房地产价值相当于每股 7 美元。这只股票就非常便宜了，我不仅不用花一分钱，而且还能每股倒赚 3 美元就得到了公司录像带业务之外其他资产的所有权。这家公司的内部人士都在购买自家公司的股票，公司收益很稳定，债务样少，根本不值一提。"

假如你打算购买的是一家困境反转型公司的股票，你必须注意的是公司已经开始努力拯救自身的命运了吗？到现在为止公司的重整计划获得成效了吗？"通用磨坊食品公司在纠正以前盲目多元化造成经营恶化的错误上已经取得了很大的进展，它已将主营业务数量从原来的 11 个缩减到仅有 2 个。通用磨坊公司出售了埃迪·鲍尔公司、Talbot 公司、肯纳公司以及派克兄弟公司等子公司，赚得了一大笔钱，接着重新回归到自己最擅长的餐馆和包装食品业务上。这家公司已回购了数百万自家公司的股票。这家公司下属的海鲜产品子公司高顿公司在海鲜产品市场的占有率已经从 7% 增长到了 25%。它正向市场投放低热量的酸牛奶、不含胆固醇的 Bisquick 蛋糕粉以及微波烘烤的 Brownies 蛋糕。公司的收益一定会迅速增长。"

假如你打算购买的是一家稳定增长型公司的股票，那么你必须重点关注的因素包括：市盈率为多少？最近几个月股价是不是已经大幅上涨？若有的话，什么因素将会推动公司增长速度进一步加快？你或

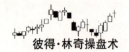

许可以这样对自己说："可口可乐股票如今的市盈率处于历史上波动区间的最低水平，其股价已经连续两年没有什么增长了。这家公司已经采用了很多方法来改善经营状况，它在市场上向投资者公开出售自己所拥有的哥伦比亚电影公司50%的股份，健怡可乐备受欢迎使公司销售增长率大幅提高。日本市场可口可乐销量比去年增加了36%，西班牙市场可口可乐的销量比去年增加了26%。销量这样大幅增长是非同寻常的，总体来看可口可乐国际市场销量增长极其强劲。通过发行股票筹资，下属的控股子公司可口可乐装瓶公司买断了大部分原先独立的地区性分销商的产权。基于上述原因，可口可乐的表现可能要比大家想象的好得多。"

假如你准备买入的是一家快速增长型公司的股票，那么你必须关注的重点是这家公司向哪些市场扩张才能持续快速增长，以及如何经营管理才能继续保持快速增长？"La Quinta 是一家汽车旅馆连锁公司，这家公司是从得克萨斯州起家的，那时候它在得克萨斯州经营得很成功，利润相当可观。然后这家公司在阿肯色州和路易斯安那州复制了原先成功的经营模式。去年这家公司新开张的汽车旅馆数量比前年增长了20%，公司收益每个季度均在增长。公司计划将来继续保持迅速扩张。公司的债务并不算很多。汽车旅馆行业是一个缓慢增长型行业，并且竞争很激烈，然而 La Quinta 已找到了自己形成独特竞争优势的利基。在完全占领整个细分市场以前，这家公司还有巨大的增长空间。"

上面所述的就是有关系统分析一家公司将来发展的整个"故事"的一些基本主题，你可以按照自己的需要在分析上加入更多、更详细的主题。你知道的细节越多，你对公司的分析就越透彻。我通常花几个小时的时间来对一家公司的将来发展进行基本面分析。

总之，彼得·林奇基本面分析的要点是：

1. 得到真实的公司信息

2. 公司业务和行业分析

（1）对获得的信息加以详细的分析，便于准确理解公司的业务细节。

（2）与同行业其他公司加以对比分析，便于理解公司在行业中的竞争优势和地位。

3. 重要财务指标分析

（1）是什么因素决定了这家公司具有投资价值？归结为两点：收益与资产，特别是收益。

（2）某种产品在总销售额中所占的比例，指标如市盈率、负债、股息、现金、现金流量、存货、账面价值、隐蔽资产、养老金计划、增长率、税后利润等。

4. 定期重新核查公司基本面的变化

二、彼得·林奇的股票筛选法

从 1977 年起，彼得·林奇接管麦哲伦基金，随后的 13 年里，他为麦哲伦基金的股东获得了高达 27 倍的收益。

其核心思路是：价值投资，去发现人们还没有发现的股票。

选股策略：

（1）以往连续 3 年的每股收益增长率大于等于 20%且小于 50%。

（2）评估股价的指标是"市盈率增长比率"（PEG）。

人们无法将身为价值投资者的彼得·林奇进行归类，这也是由于他与众不同的操作思路所致。

他的投资逻辑是去发现人们还没有发现的股票，他著名的 13 条选股原则为这个逻辑作出了最好的注脚，比如，公司名字不那么性感、公司业务让人厌恶、公司处于零增长行业当中。

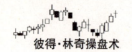

　　不拘一格的彼得·林奇在选个股的时候，仍然不能脱离财务指标这根拐杖。通常，他运用产权比、存货与销售、自由现金流以及收益增长率等指标来进行分析。当然，最知名的还是他自创的 PEG。

　　是什么因素决定了一只股票的价值？通常长期观察与实战，彼得·林奇归结是收益、收益，还是收益，最后收益增长率决定了股价增长率，无疑，其他条件一样的情况下，收益增长率为 20% 的股票必然比收益增长率为 10% 的股票值得购买。

　　彼得·林奇为我们算了一笔账，每股收益均为 1 美元的 A 股票与 B 股票，10 年之后 A 股票由于 20% 的收益增长率股价变成了每股 123.80 美元，而 B 股票 10 年之后由于 10% 的收益增长率股价变成了每股 26 美元。"高收益增长率正是创造公司股票上升很多倍的大牛股的关键所在，也正是在股票市场上收益增长率为 20% 的公司股票能够给投资者创造惊人回报的原因所在。"

　　彼得·林奇认为快速增长型公司应在以往 2~5 年内增长 20%~50%，这可以为公司成功的扩张计划赢得时间。他说："15%≤每股收益年增长率≤20%，这个比率正常；20%≤每股收益年增长率≤25%，对于足够大而又可维持的企业，这是个很好的数值；25%≤每股收益年增长率≤35%，这个比率可接受；35%≤每股收益年增长率≤50%，这时需要仔细考虑一下，如此高的增长率在长期内无法维持；每股收益年增长率为 50%，需要认真考虑，如此高的增长率在长期内无法维持，并且增长率一旦下降公司极易垮掉。"收益增长率必须要连续 3 年保持在 20%~50%，不仅保证高增长性，而且保证长期持续性，这样的股票值得购买。

　　PEG 是彼得·林奇的一大创造。他用市盈率除以每股收益增长率，获得的比值能很好地反映股价与价值之间的关系，这为他判断股价是否被低估提供了很好的依据，推导结论的出发点是他认为股票价格应

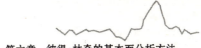

该与股票价值相等。所以，他倾向于购买 PEG 为 1 的股票，这显示股价在与公司的业绩同步增长。当然若股票市盈率低于每股收益增长率，则可能是找到了一只被低估的股票。

三、彼得·林奇的股票选择要点

彼得·林奇选股着重于基本面并且毫不留情地剔除弱势公司，他的一些基本原则在筛选判断中还是很具实用价值的。

1. 从上市公司产品开始

彼得·林奇说，"从室内至户外，从学校至购物中心，到处可以看到上市公司。不论衣、食、住、行、居家以及公务用的产品，几乎均有上市公司生产的；而从生产香水到制造小刀，或者生产澡盆到生产热狗的上市公司，投资者都能够自由拥有其股权。"由此能够看出，操作机会时时处处存在，最关键是投资者要从这些琳琅满目的产品中去寻找买点。

2. 寻找买点

彼得·林奇是一个标准的金融股迷，并且在《战胜华尔街》这本书当中，他提供了很多银行类股的筛选方法。不过在我们讨论范围之内必须排除银行股，由于他们的资金运作很难同其他公司作出比较。

（1）如何买入。必须找到一个好的公司，我们的投资战略才仅仅成功了一半，如何用一个合理的价格买入，是成功的另一半。彼得·林奇在评定股票价值的时候，对公司盈利水平与资产评估两方面都非常关注。盈利评估集中于考察企业将来获得收益的能力。期望收益越高，公司价值越大，盈利能力的增强则意味着股票价格的上涨。资产评估在决定一个公司资产重组过程中相当有指导意义。

（2）认真分析市盈率。公司潜在的盈利能力就是决定公司价值的基础。有的时候市场预期会较为超前，以至于以太高的预期高估股

票价值，而市盈率就能够时刻帮你检查股价是否存在泡沫。通常而言，成长性高的股票允许有比较高的市盈率，成长性差的股票市盈率就会低。

市盈率如何与其历史平均水平纵向进行对比？通过研究市盈率在相当长时期中的表现，我们必须对该指针的正常水平有个基本的判断能力。此方面的知识帮我们避开那些价格被过高估计的股票，或者适时警告我们：是应该抛出这些股票的时候了。如果一个公司各方面都让人满意，然而若价格太高，我们还是应当回避。我们下一步的筛选在于现在市盈率低于过去五年平均水平的公司。此原则很严格，除了考察公司现在的价值水平，还要求五年的业绩正增长。

市盈率如何与行业平均水平进行对比。此对比能帮助我们认识到公司与整个行业相比股票价格是否被低估，或至少有利于我们发现这只股票的定价是否与众不同？不一样的因素是在于公司本身成长性差还是股票价值被忽略？彼得·林奇认为最理想的是能发现那些被市场忽视的公司——在某个垄断性强并且进入壁垒高的行业占有一定份额。接下来再从这些筛选结果里找出市盈率低于整个行业平均水平的公司，这才是我们的最终目标。

3. 成长中保持合理价格

选股的最后一个要点就是，选择市盈率低于公司历史平均水平和行业一般水平的股票。这一部分我们可以看出，彼得·林奇在价值与成长性两者间是如何找到平衡点的。

（1）对市盈率与盈利增长率进行对比。具有很好成长性的公司市盈率通常较高。一个有效的评估方法就是对公司市盈率和盈利增长率进行对比。市盈率是历史盈利增长率一半被认为是较有吸引力的，而这个比值高于 2 就不太好了。

彼得·林奇调整了评估方法，除盈利增长率之外，他还把股息生息率考虑在内。这个调整认同了股息对投资者所得利润的补偿价值。具体计算方法为：用市盈率除以盈利增长率与股息生息率之和。调整之后，比率高于 1 则被排除，低于 0.5 比较有吸引力。我们的选股也运用到这个指针，以 0.5 为分界点。

（2）盈利是否能够持续稳定。历史盈利水平很重要。股价不太可能脱离盈利水平，因此盈利的增长方式能展示一个公司的稳定性和综合实力。最理想的状态就是盈利能够继续地保持增长。在实际操作中我们并不会用到任何盈利稳定性指针，然而我们在筛选时应收集每只股票七年的盈利资料。

（3）避开热门行业的热门公司。彼得·林奇倾向投资于非成长型行业内盈利适度高度增长（20%~25%）的公司。极度高速的盈利增长率是无法持续的，而公司如果能持续性的保持高速增长，那么股价上涨就在我们可接受范围内了。高成长水平的公司和行业总会吸引大批投资者和竞争者的目光，前者会一窝蜂地哄抬股价，后者则会时不时地给公司经营环境找一些麻烦。我们的目标就是要找出每股盈利增长率不高于50%的公司。

4. 规模对投资有什么影响

目前我们集中考察市场资金与机构投资者对我们所选股票是否有兴趣。

（1）什么是机构持有水平。彼得·林奇认为好的股票通常处于被华尔街忽略的地位。机构持有率越低，相关分析越少，该股票越值得我们关注。

（2）公司规模有多大。小公司比大公司有更大的成长潜力。小公司更容易扩张规模，而大公司扩张能力非常有限。比如像星巴克斯那样的小公司与通用电气相比，前者规模增加一倍比后者远来得容易。

（3）资产负债表状况如何。合理的资产负债表则反映了公司是在

扩张还是陷入了困境。彼得·林奇对于公司的银行负债非常敏感，由于这些负债时刻有被银行收回的风险。小规模公司与大规模公司相比较，无法通过债券市场融资，所以经常通过银行贷款。认真地阅读公司的财务报表，特别是报表中的注释，有利于看出银行贷款的作用。我们最后一步就确定公司总负债与资产之比低于行业平均水平。之所以运用总负债这个指针，是因为这个资料包括了所有形式的负债，与行业水平进行比较则是由于不同行业比率有所不同。往往资本密集度高和收益相对稳定的行业，负债率也比较高。

5. 其他要点

（1）每股净现金。彼得·林奇热衷于考察每股净现金水平，看其是不是对股票价格有支撑作用，并且运用这个考察公司的财务实力。每股净现金的计算方法＝（现金和现金等价物–长期负债）/总股本。每股净现金反映了公司背后的资产，而且对那些处于困境的、将要转型或者资本运作的公司都是重要部分。

（2）内部人员是否购买这只股票。内部人员购买股票是个有利信号，特别是这个信号在很多投资者之间传播开来。但是内部人员卖出股票可能有许多原因，他们通常在感觉到这是个吸引人的投资时买入。

（3）公司是否回购股票。彼得·林奇特别欣赏从那些希望进入其他领域的公司回购自己股票的公司。公司进入成熟期，资金流量超过需求的时候，便会考虑在市场上回购股票。这种回购行为成为了股票价格支撑点，而且往往发生在公司管理者感觉股票市场价格较低的时候。

总之，彼特·林奇的股票选择要点为：

（1）寻找市盈率相对盈利增长率与股息生息率来说较低的股票。

——市盈率与盈利增长率和股息生息率进行比较。

（2）寻找市盈率比历史水平低的股票。

——市盈率与其历史水平进行对比。

（3）寻找市盈率低于行业平均水平的股票。

——市盈率与行业平均水平进行对比。

（4）研究公司的盈利模式，特别是它们怎样应对不景气时期。

——盈利是不是持续稳定？

（5）寻找负债比较低的公司，特别是银行负债。

——资产负债表是不是良好？

（6）每股净现金跟股票价格高度相关。

——现金应用是否恰当？

（7）密切关注盈利增长率高于 50% 的公司。

——避开热点行业的热点公司。

（8）小公司更值得关注，它们有更大的成长空间。

——大公司成长缓慢，小公司有很高的成长速度。

（9）寻找被机构投资者持有率低和市场跟踪少的股票。

——机构持有水平为多少？

（10）内部人员买入股票是个有利信号。

——是真有内部人购入股票吗？

——公司是不是在市场上回购股票？

四、基本面分析及其运用

所谓基本面就是指对影响股票市场走势的一些基础性因素的状况，通过对基本面加以分析，能够掌握决定股价变动的基本因素，是操作股票分析的基础。

股票基本面分析就是我们在对股票投资价值加以评估时通常要运用到的技巧。股票的基本面分析通常拥有三个方面的层次：

第一，宏观经济。从根本上来讲，股票市场的走势与变化是由一国经济发展水平与经济景气状况所决定的，股票市场价格波动也在相

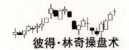

当大程度上反映了宏观经济状况的变化。从国外证券市场历史走势很容易发现，股票市场的变化趋势大体上与经济周期相吻合。在经济繁荣的时候，企业经营状况很好，盈利比较多，其股票价格也在上升。经济不景气的时候，企业收入下降，利润减少，也将造成其股票价格持续下跌。

第二，行业发展情况。各经济部门比如农业、工业、商业、金融业、运输业、公用事业等各行各业的状况怎么样也是影响股票行情的重要因素。行业在国民经济中地位的变更，行业的发展前景与发展潜力，新兴行业带来的冲击，以及上市公司在行业中所处的地位，经营状况，经营业绩，资金组合的变化以及领导层人事变动等均会影响相关股票的价格。

第三，公司经营状况。发行该股票的企业的经营状况怎么样，假如经营得当，盈利多，那么其股票价值就高，股价也会相应的高；相反地，它的价值就低，股价就会低。基本分析法就是运用丰富的统计资料，应用多种多样的经济指标，采取比例、动态的分析方法从研究宏观的经济大气候开始，逐渐开始中观的行业兴衰分析，从而依据微观的企业经营、盈利的现状与前景，对企业所发行的股票作出接近现实的客观的评价，并尽量预测其将来的变化，作为投资者选购股票的依据。因为它具有比较系统的理论，受到学者们的鼓吹，成为股价分析的主流。

基本面分析指的是投资者按照自己所学（包括财务、会计、经济、法律等），对准备投资的股票在生存和发展上作出全面地、综合地分析。任何人都很难抓住每一个机会，均不可能预测到股价的具体走势，在保住本金的前提下，追求稳定的收益当是个人投资者的首选。所以，个人投资者只需要投资有很强的生存能力和很大发展空间的股票就行了。每个人对生存和发展的理解因其分析的视角不同而有所差别，正是这些差别才有了其投资的盈亏、盈利大小、亏损多少的区别。个人投资者要做的就是在不断的实践与总结中纠正自己的偏差，让自己的收益能更好。另外，应该要正确地看待基本面分析。股票市场视为一个整体，它的走势所表现出来的情况可能与基本面一致，然而也并不一定完全一致，一些市场行为往往与基本经济所表现的情况完全相反。具体到一只股票就更是这样，在一个公司的经济状况与整个国民经济现状都很好的情况下，其股价反而下挫；相反，在一个公司经济状况非常糟和整个国民经济基本情况并不很好的情况下，其股价反而上扬。我们只需要了解这种与公司基本面和整个国民经济背道而驰的现象往往都是市场的短期行为就可以，这有利于增强我们买入股票的信心和持股的耐心。基本面分析的具体步骤和方法如下。

1. 确定分析的对象

这是很重要并且必须的一步，想对所有的股票都进行分析，不仅做不到也没有必要，就是机构投资者恐怕也不会这样做，个人投资者就更没必要了。确定分析对象就是在1300多只股票当中选择需要重点分析的股票，就如同生产企业对原材料的精选似的，材料不好产品上不了档次，将好的材料选掉了又是浪费。那么如何确定分析对象呢？应该采用由大到小、由远到近地去逐步筛选的方法。为此必须要确定一个标准，此标准决定了"材料"的好坏，过于严格就可能错过一些本来能够抓住的机会，过于宽松又会大大地增加重点分析的工作量。每个人都有不一样的时间与精力，所以这个标准就各不相同。下面内容仅供大家参考：

（1）符合国家的宏观经济政策。我们不要去想象主力会大肆做多一个连国家都在限制的产业，除非是有其他的原因，然而那不是个人投资者所要考虑的问题（个人投资者也没有必要去分析研究）。为此必须要对整个经济中符合国家宏观经济政策的行业加以筛选。国家的宏

观经济政策中有很多变量，这里仅仅说几个主要的有实际用处的变量。

1）GDP与投资增长率。我国每一个经济发展期均会确定重点的投资领域，该领域就是我们应该重点关注的。

2）利率政策。利率的上涨基本是由于资金的供给紧张造成的，此时经济形势通常良好，接下来就会是国家为避免经济过热而采取的限制政策，可能被限制的行业我们必须要回避。

3）汇率政策。在汇率上涨时，出口企业通常要回避，除非汇率变动对其影响极小。

国际证券市场的动向、国内经济政策通常与国际经济有很大联系，而国际证券市场会提前做出反应，譬如说新能源概念。不过，其他变量对证券市场的影响也非常大，譬如货币政策将会影响整个行情的发展，此不属于选股范畴，不必要展开述说。

（2）所处的行业是不是走出低谷而尚未到谷顶。不受经济周期影响的行业（比如食品、公用事业等）通常缺乏想象空间，不过处于行业霸主地位的另当别论（譬如伊利股份），在国家对整个经济加以调控时，这类股票可以作出选择。受到经济周期影响的行业一定不能选处在谷顶和下跌途中的，而要选已经走出低谷而尚未到谷顶的。影响行业兴衰的主要因素有：

1）技术进步。技术进步对行业的影响是非常大的。譬如，将要到来的数字电视取代旧彩电。很明显地，投资于行业的衰落期就是一种错误的选择。

2）政府政策。政府的管理措施能够影响行业的经营范围、增长速度、价格水平、利润率等很多方面。政府政策是经营者与投资者无能力左右的，我们所能做的则是去"迎合"。譬如，土地的竞价拍卖和提高房贷将会影响到房地产市场的购买力，从而影响房地产市场极其上游产业，如前几年消费税征收制度的改变对中低档白酒的巨大打击。

3）供需关系。整个行业的产能过剩通常会使该行业进入调整期。比如，现在的汽车行业，据统计今年的过剩大概 200 万辆，并且产能还将进一步扩大。

4）社会习惯的改变。社会习惯足以让一些不再适应社会需要的行业衰退而又激发新兴行业的发展。比如，在倡导绿色经济的当下，无污染的天然食品与低毒低副作用的食品备受欢迎；从 20 世纪 90 年代后期开始的消费者对低度酒的青睐，进而促进了红酒、啤酒业的发展，并限制了高度白酒的发展。

（3）尽量选择在行业中具有垄断地位（包括地域垄断以及技术垄断等）或者具有优势的企业。在此要说明的是在子行业中处于垄断地位也应该包括在其中。

（4）一定不要选有过大幅炒作经历的股票，尤其是在该股还处于顶部和腰部的时候。此点应该要对股票进行复权处理后来判断，不然你 3 元购买的股票复权后可能是 30 元，长期主力就是以更低的价位抛给你依然获利丰厚。

2. 作出重点的分析

在作出了第一步分析以后，你选出来的股票一定不会少，个人投资者只需要在其中精选出小部分就可以了。精选的过程是非常重要的，这直接决定了投资的成败、获利的大小。重点分析的内容主要有财务分析与基本情况分析，而在分析之前应该收集相关的资料。这些资料主要包括：公司的财务报表、财务报告以及公告信息，其他机构与个人对该股的评估报告，杂志、报纸、电视、网络上报道的与这个公司及其业务相关的经济信息等。对这些信息应当首先判断其真伪，是否足以采信，是否全面（应当要提防断章取义的评论、报道）等。以下重点叙述财务分析与基本情况分析。

（1）财务分析。很多个人投资者不具备专业的财务分析能力，这

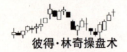

是其股市操作的弱项。然而财务分析是很有必要的，以下就财务分析方法中重要的部分作下简单的介绍。

1) 财务报表分析。它主要包括资产负债表、损益表以及现金流量表，从中寻找有价值的信息，这对个人投资者来说，都是必须要掌握的内容。资产负债表指的是公司在某一特定时点财务状况的静态报告。资产负债表反映的则是公司资产、负债以及股东权益之间的平衡关系。资产表示公司所拥有或掌握的（包括其他公司所欠）的各种资源或者财产；负债表明公司应支付的所有债务；股东权益表明公司资产的净值，即在清偿各种债务以后，公司股东所拥有的资产价值。简单来说就是资产=负债+股东权益（或所有者权益）。在此报表中我们可以了解很多的内容。比如，流动资产的构成（存货有多少、应收账款有多少等），固定资产的状况（是否有减值准备以及减值准备的大小等），投资的状况（短期投资、长期投资为多少，是否有减值准备、减值准备的大小等），股本的扩张能力（资本公积、盈余公积、未分配利润决定了股本扩张的能力）。损益表指的是公司一定时期内经营成果的反映，是关于收益与损耗情况的报表。它显示了公司的损益项目，反映了公司在一定时期的业务经营状况，并揭示了公司获得利润能力的大小、潜力和经营趋势。简明扼要说损益表就是反映两个资产负债表编制日之间公司盈利或者亏损的变动情况。在此报表中我们应该要了解公司利润或亏损的构成情况。比如，盈利的构成（扣除投资收益、财政补贴、处置资产等非经常性损益后的盈利情况，母公司、子公司各自的情况等），亏损也如此。现金流量表指的是资产负债表上现金项目从期初到期末具体变化过程的反映，实际上是从另一个角度对公司财务的反映。它编制的目的是为会计报表使用者提供企业在一定会计期间内现金和现金等价物流入和流出的信息，方便了解和评价企业获取现金和现金等价物的能力，并据以预测企业将来的现金流量。主要分为经营活动、投资活动以及筹资活动的现金流量三部分。另外，因为筹资活动和投资活动同时产生的交易事项，比如发行股票或债券的融资行为而获取某条生产线等非现金资产的投资行为，是不会影响现金流动的；所以，为了全面地反映这些事项，现金流量表下设有附注项目，对这单独列示。投资者把现金流量表、附注以及年报中的其他项目结合分析，能够对上市公司的经营情况有更清晰、真实的了解。在此报表中，我们能知道许多资产负债表、损益表上很难反映的内容。比如，在公司有新的在建项目时按照其投资活动的现金流出情况可对新项目产生效益的时期作出初步的判断。

2）财务比率分析。它是对公司的资本结构是不是合理，经营效率是否高，盈利能力是否好，偿债能力是否强，投资收益的优劣加以分析。此方面的分析一样重要，将为我们的投资决策提供重要的信息，回避许多的风险。而大多数投资者通常被这些财务比率所吓到，而不对这方面进行分析。实际上，此方面的内容并不太难，公式在财务管理的书上都有，很好理解，并且要运用的数据在公司的财务会计报表里都有，计算并不太复杂。尚没有这方面知识的投资者，最好去学会财务比率的分析方法（到书店买一本财务管理的书，用不了多久就能掌握）。在此只是简单来说一些重要的比率，每个比率反映的具体意义不展开叙述，只能自己去学习了。

资本结构是不是合理可以重点考察如下财务比例：

资产负债率 = 负债总额/资产总额

长期负债率 = 长期负债/资产总额

短期负债率 = 短期负债/资产总额

股东权益率 = 股东权益总额/资产总额

经营效率是否高可以重点考察以下财务比率：

存货周转率 = 销售成本/平均存货

注：平均存货 =（期初存货＋期末存货）/2，如下带有平均的字样均是这个意思。

固定资产周转率 = 销售收入/平均固定资产

总资产周转率 = 销售收入/平均资产总额

主营业务收入增长率 =（本期主营业务收入－上期主营业务收入）/上期主营业务收入

股东权益周转率 = 销售收入/平均股东权益

盈利能力是否好可以重点考察以下财务比率：

销售毛利率 =（销售收入－销售成本）/销售收入

销售净利率 = 净利/销售收入

资产收益率 = 净利润/平均资产总额

主营业务利润率 = 主营业务利润/主营业务收入

股东权益收益率（净资产收益率）= 净利润/平均股东权益（净资产）

公司的偿债能力是否强可以重点考察以下财务比率：

流动比率 = 流动资产/流动负债

速动比率 =（流动资产－存货）/流动负债

注：以上两个指标也能够反映出公司资产、负债的结构是不是合理。

利息支付倍数 = 息税前利润/利息费用

应收账款周转率 = 销售收入/平均应收账款

长期债务与营运资金比率 = 长期负债/（流动资产－流动负债）。

投资收益的优劣分析主要看下面指标：

市盈率 = 每股市场价/每股税后净利

净资产倍率 = 每股市场价/每股净值

每股净资产 = 净资产总额/发行的普通股股数

普通股每股净收益 =（净利润－优先股股息）/发行的加权平均普

通股股权

股息发放率 = 每股股利/每股净收益

普通股获利率 = 每股股息/每股市场价

本利比 = 每股股价/每股股息

投资收益率 = 投资收益/平均投资额

上述比率实际上能够反映很多方面的信息，譬如筹资和投资能力等，要想融会贯通只有靠自己的能力了。不过，可以运用公司的财务数据和有关公开信息，对上市公司的股价作出合理的预测和计算。然而这对个人投资者来说比较困难，也没有必要掌握。当然在此可以简单地介绍一下。对上市公司价值的计算主要有现金流贴现法、类比估价法、股利折现法、创值折现法等。现金流贴现法指的是将公司未来的现金流加以折现，从而计算出公司目前的股价；类比估价法主要是把具有可比性的公司（如同行业的上市公司）的某一项财务指标（如市盈率、净资产倍率）或者非财务指标（如网络公司网页点击率）加以比较，从而推算出公司股价的一种方法；股利折现法的基本原理则是基于公司的价值等于未来收益的总和，接着对公司未来的收益加以折现，就能够得到公司现在的价值；用创值折现法计算公司的价值，通俗来讲，就是对公司未来所能够获取的超额利润加以折现。创值是指扣除了资本成本（包括债务资本成本和股权资本成本）后的资本收益，即超额利润，它的计算公式是：创值 = 税后营业利润 − 资本投入额 × 加权资本成本率，计算出创值后加以折现，就获得了上市公司的价值。这些方法，看起来简单，实际上很专业，而计算出的结果通常与市场价格差异巨大，所以个人投资者不需要掌握，但可以进行了解。

3）比较分析。它指的是对具体的项目跟另一参照物进行比较，从而对这个项目加以评价，主要包括公司不同时期的对比分析和与同行业其他公司之间的对比分析等，这也是必不可少的步骤。比如，公司

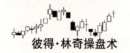

不同时期的对比分析可以得出具体项目的发展趋势；与同行业其他公司之间的对比分析可以看出其在该行业中的具体地位（应该要考虑公司的特殊性、个性特征，不能简单地与同行业直接对比）。

4）财务分析中应该注意的问题。必须把所有项目、比率综合在一起对公司作出全面、客观地评价；财务报表数据的准确性、真实性以及可靠性；能力所及的时候应该对财务分析的结果进行预测性调整；公司增资行为（股票、债券发行等）对财务结构的影响应该考虑进去；财务报表、财务报告附注内容决不能掉以轻心，反而应该格外注意。

（2）基本情况分析。假如说财务分析侧重对公司以前情况的分析，则基本情况分析则侧重对其前景进行分析，主要包括行业地位分析、成长性分析、经营管理能力分析以及潜在风险分析。

1）行业地位分析。此分析的目的是找到公司在所处行业中的竞争地位，譬如是否是领导性企业，在产品定价上是否有着影响力，是否有竞争优势等。通常来说，企业的行业地位决定了其盈利能力是高于还是低于行业平均水平，决定了它在行业内的竞争地位。衡量公司行业竞争地位的主要指标包括产品的市场占有率、产品的竞争能力、是不是著名品牌、是否有自主知识产权、是不是具有垄断优势（包括区域垄断）、所处的地理位置和其在行业中的综合排名等。产品的市场占有包括两个方面的内容：一则公司产品销售市场的地域分布情况；二则公司产品在同类产品市场上的占有率（包括地区性情况、国内情况以及世界内情况）。产品的竞争能力分析主要包括：成本优势、技术优势以及质量优势等内容。知名品牌具有产品所不具有的开拓市场的多种功能，包括联合市场、创造市场以及巩固市场等。当产业发展进入成熟阶段、产业竞争充分展开的时候，品牌便成了产品和企业竞争力的一个更加重要的因素。自主知识产权的重要性是非常明显的，中国在此方面有深刻的教训，同时这也是公司技术实力以及新产品研究和

开发的能力体现。垄断的好处我们都能理解，然而垄断也会产生消极的因素，这个应该要考虑，一旦垄断地位失去对其有多大的影响。人们经常说近水楼台先得月，地理位置也是非常重要的。比如，出口型公司深居内陆，其产品与靠近边境的公司相比就不具有竞争优势。

2）成长性分析。此分析主要是看公司是不是能长久的连续的发展壮大，能否为投资者带来巨额的回报。主要包括公司所处行业的成长性、公司的产能扩张情况、行业兼并情况、资产重组情况、进入新行业对它的影响等方面。行业的成长性决定了公司的成长，就算进入新行业也受到新行业的成长性影响，所以对行业的成长性分析特别重要。对于此，个人投资者可以借助机构的投资报告等进行分析。产能的扩张能否具有成长性很重要且是比较直观的方面。这里必须注意的是，产能扩张并非是纸上谈兵，应该要有实在的行动。并且，新的产能应该是在短期内就能见效益，假如要在一年或者几年后才能见效益，那也仅仅是一种概念上的扩张，不具有支持股价短时间内走强的基础，至多也是昙花一现。新的产能还应该与公司目前产品的关联度相联系，是为了进一步扩大生产规模、降低生产成本，还是加以技术创新、提升产品竞争力等都要加以分析。行业兼并是产能扩张最简便、快捷的方式。然而兼并通常要付出巨大的代价，除非是必不可少或者为了获得行业霸主地位方可为之。当然，那种为了在行业中获得优势的共赢的兼并我们还是要欢迎的。资产重组应该要引起足够的重视，由于资产重组通常伴随着一方的让利和另一方的得利。得利的一方并不一定"得利"，由于天上不会掉馅饼，付出少又不图回报是不常见的。所以对公司的公告信息、关联交易要十分小心。进入新的行业是否为公司创造新的利润和增长的水平是很关键的，假如增长连投入资金的贷款利息都无法收回，这就必须慎重了。

3）经营管理能力分析。一个公司的决策者和执行者是灵魂所在，

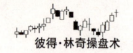

具体就表现在经营管理能力上。这对个人投资者来说是相对较难的事情，因为难以查找相关的资料。当然我们也可以从公司过去的经营、发展情况，公司披露的信息、财务会计数据中看出一些相关的内容。还有，媒体的报道也应当重视，然而不能全信，尤其是一些夸大、虚假的报道以及可信度低的网站的报道。从公司过去的经营、发展的速度，获得的业绩能够反映出决策者和执行者一些能力。可是公告的信息有无出尔反尔，披露的财务数据有无使得人迷惑不解、有无为了某种目的而对会计政策作出重大变动等情况可以反映出管理者的诚信。必须要提的是，对过去因经营管理不善的公司，而其经营前景又很乐观，在变更了好的经营管理人员以后要引起我们高度的重视。

4）潜在风险分析。这是对公司未来可能存在的风险加以分析。主要包括对外担保、诉讼事项、或有事项等。前两项大家都可以理解，对或有事项举几个例子：应收账款的连续大幅增加就要考虑坏账损失的问题；资产减值准备、投资减值准备就要考虑资产损失、投资损失或是"蓄水池"；在企业所得税申报时未做纳税调整就要考虑或有税项。

在重点分析以后要多参考机构投资者和他人对该股的分析，由于自己的分析并不一定全面准确，参考其他分析可以对自己的分析加以修正，进而提升分析的质量。

3. 进行长期观察

对经过重点分析的股票必须要有个长期观察的时间，此时技术分析能力就非常重要了，确定好的买点卖点是是否盈利、盈利多少的关键。

4. 不断地总结完善

对过去的分析和交易进行总结，找出错误的地方、不太细致的地方，并拿出改正的方法。这是提高基本面分析能力极其重要的一环，应该引起重视。

五、个人投资者如何研究股票

古人云"工欲善其事，必先利其器"。对于个人投资者来说，作为一个基本面投资者，要提高工作效率，也需要使用一些基本工具。

在把自己的血汗钱拿出来投资股票之前，必须要分析研究这只股票是否值得投资。如下的步骤，将教你如何对股票的基本面进行分析。

第一，巧阅招股说明书和年报。

在证监会指定披露上市公司公告的网站，从招股说明书中能够获得该公司的基本信息，以及该公司的技术与同行业其他公司相比的明显不同。还能够通过其他渠道来搜集信息，并阅读该公司连续三年的年报来获取基础的信息进行简单的分析。

对整个行业、新技术有大体的了解以后，就必须要看"财务报表"。一般说来阅读财务报表，能够获得一些指标。譬如，假如是制造业，就应该看销售利润率、资产周转率以及负债比等。

了解这些指标之后，首先自身进行比较，接着与同行业的几家大公司进行比较。譬如，在研究中兴通讯时，会翻阅华为的年报来进行比较，由于两者的业务领域比较接近。但从对资产周转速度等财务大差别的细节分析，我们应该对中兴通讯保持谨慎的态度。

第二，对经营活动必须全面了解。

财务报表指的是数字、行业概况，是能够运用数字衡量的。无法运用数字比较，而又很需要我们了解的是什么呢？

公司的经营活动。这些公司正在做什么，计划准备做什么？上年年报中计划做的项目进展怎么样？主营业务是否有太多的变动？历史上试图涉及的领域现状怎么样？此行业处于什么状态，是不是景气周期的顶部？

中国机构的价值发现能力一直受到质疑，大的板块里面个股同涨同跌的现象通常发生。譬如小市值的水泥类个股涨停之后，市值大的海螺水泥也会跟随涨一两个百分点等。这反映出多数市场参与者的不成熟与热衷炒作的习惯。然而这些正给我们提供了价值发现的机会，尤其是个人投资者。

团队的质素、团队以前的经营表现和持续性等，这些都是必须通过互联网、报纸、杂志等各种领域进行了解的。

第三，阅读券商研究报告并进行参考。

一是过去对某家公司的评价，尤其是一些大市值的企业，券商会定期出跟踪的事件点评和大篇幅的深度研究报告，这些均值得借鉴。券商的研究员写的不一定都是准确、有道理的，但在数据上券商的研究员不能作假。2007年，联合证券医药行业研究员宋华峰，一边以本人的名字开户参与广济药业的炒作，一边发布所谓广济药业价值被低估的研究报告。最后被处罚，市场永久禁入。

二是一切研究员公开发布的报告，均必须备案，证监会随时进行检查。譬如研究报告中股价的预测等，都应当有对应的数据和相关推理的支持，特别不靠谱的报告还是极少的，由于研究员这个饭碗，只要能够端上了，极少有人愿意放下来。一切待发布的报告，都应该有研究所的主管领导签字之后才可以对外发布，这本身就有一个防火墙机制。不过，前几年在策略预测之中，万点论等是针对指数而来的，对于识别个体上市公司的价值没有参考价值。

三是至于研究报告，必须将它当作一个工具，毕竟卖方（券商）报告乐观的情绪总是占多数，因此个人投资者在参考这些研究报告时，不要太多看评论性、描述性的词语和段落，更多的采信其引用的行业数据、公司经营数据以及现场调研的记录，这些可以让投资者少做一些投资之前的功课。

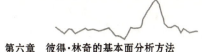

　　第四，从多种方面指点迷津。

　　从一些门户财经网站的社区中个股的专版、该股的几个股吧中，能够观察到市场情绪。还应问一问身边的经纪人，结合网络、报纸上看到这些关于这个公司的信息、传闻，进行理性的分析与判断。

　　在前面已经阅读过招股说明书和年报，对于传闻中一些很明显不符合常理的消息，就能够排除，以免受骗。譬如，目前铁路机车设备行业非常景气，同样处于深圳的老牌上市公司，假如传言万科近期准备上一个铁路机车生产线，则这条消息基本可以被否认，由于万科作为一个专业的地产公司，不断做减法是它的一贯风格；而假如传言中集集团开始做铁路机车，则应该值得斟酌一下，作为综合能源物流设备的集合生产企业，上一个这样的项目完全是其产业链上端的延伸，并且其是传统的制造业，完全是符合逻辑的。

　　像这样类似的消息，还能够直接打电话到上市公司证券事务办公室直接询问证券事务代表。从公司的证券事务代表与董秘那里，对一些传闻、消息获得最直接的认证，而不需要四处打探。大多数时候，是投资者对于传闻的迷信，有的公司已经将一些项目进行了公告，而且澄清了传闻，然而还有投资者在跟风炒作，结果吃了大亏，栽了大跟头。

　　行文到此，通过上述多种方式，投资者已经可以做到心中有数了。最关键的是，很多的风险和常识性错误，可以通过前面的功课获得规避。

　　第五，现场进行调研兼听则明。

　　最后一项重要的工作则是现场调研。俗话说得好，"百闻不如一见"，跟管理层面对面的交流、观察以及质疑，这些都是重大投资过程中需要亲力亲为的功课。

　　管理层的气象、公司的前台以及公司内部人员的状态，这些细节

很值得我们用眼睛来观察。彼得·林奇每次去上市公司调研，都会认真地观察，从不放过任何一个细节。

还要提前列好"调研提纲"，这是对对方的一种礼貌，不是漫无边际地聊上两个小时，或是听董秘吹了一个午饭时间的牛皮，便完成了任务。有机会在自己所生活的城市多参加一些治理优秀公司的股东会，这是一个学习与交流的最好机会，同时很多迷惑都可以现场得到解答。

每次组织联合调研之前，大家都要对报告加以讨论，提出自己的问题，方便在面谈的时候，分别提出疑问与建议。还能够提前要求安排到生产现场参观。至于对制造业上市公司现货、存货的目测，对设备类公司大型设备的型号的记录等，这些均需要有相对丰富的行业经验以及生产经验。

对于普通投资者来说，没有太多机会像职业投资者一样通常到实地去调研。实际上可以更多地关注身边的上市公司，或是与上市公司产品特别相似的非上市公司来做一下比较。

兼听则明，超跌出现机会，情绪波动带来价值发现。现代科技为新一代的投资者提供了便捷的沟通渠道，譬如 QQ、MSN、SOHU 财经博客都为投资者提供了很好的交流平台，在更为专业的股票投资主题的互动交流社区软件 Value Live 中，能够更顺畅地找到与自己关心同样一只股票的网络好友，这些渠道都应当试一试。

听取多数人的意见，跟少数人商讨，最后一人拍板作出决定，这难道不是理性操作的法门吗？

六、判断股票基本面有诀窍

对于个人投资者来说，判断股票的基本面有如下的秘诀：

1. 看家底

购买企业的股票，除了在买企业的盈利能力，也在买企业的资产。

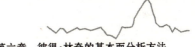

投资者可以将上市公司分成三种类型的公司，一是殷实型的公司，二是虚胖型的公司，三是破落型的公司。

看公司家底必须关注公司的资产状况，特别是流动资产状况。

2. 看规模

看规模第一要看企业的收入规模以及利润规模。第二要看企业在做大的同时是否做强。第三要看企业是否有足够的拓展空间。在看规模时主要关注企业的主营业务收入和净利润。

看规模中通常能够发掘出行业的龙头。一些企业尤其是中小型企业面临共性问题，上市之后发展的空间有多大，企业上市之后除了能够拥有融资渠道，其他的成本，譬如劳动力的成本、管理的成本等一定会增加，反过来会压缩这些企业的利润空间，降低企业的竞争力。

3. 看效率

看效率必须从三个方面来看。一是看增产是否增效。二是看中间费用是否有吞噬利润。中间费用指的是营业费用、管理费用以及财务费用。三是看员工的效率。员工效率反映的是企业的管理水平。

虚胖型的公司表面上资产极其庞大，历史上也可能曾有过辉煌，有的牌子也较大，然而实质上大多数是靠借银行的钱撑起来的排场，只要资金渠道发生问题，即资金链一断裂，这些公司的巨额不良资产就会暴露出来了。

4. 看主业

看主业最主要是看主业是不是突出，主业利润是不是有足够的空间。

所需要衡量的是主业之间是不是存在相关性，是不是存在上下游关系，或是否可以共享市场、技术、服务等资源；利润空间除了要看主业的毛利润空间，还必须要看净利润空间，尤其要关注公司的主营业务构成和主营业务的利润率情况。

5. 看盈利

对于投资者来说，不但要动态分析公司盈利能力变化，而且还要把握公司盈利能力质量的高低，看看公司的盈利是不是纸上黄金。一般说来，公司的盈利能力若年度指标出现下降，通常是公司中长期经营转向劣势的标志。当公司盈利能力产生下降时，应该关注公司的规模是否扩大，是否可以保持总利润或者净利润不变。当公司盈利能力出现上涨时，通常要消除偶然因素及季节性因素的影响，从而判断这种盈利能力的上涨是否能够持续。

此外，还要通过关注公司利润构成、净利润率以及经营现金流的情况来判断公司盈利质量的高低。每股收益是层层包装之后的产物，要想识别真面目就应该分析每股收益里所包含的内容。市盈率有着比价效应，可以通过不同公司的市盈率进行比较，判断出那些公司具有相对的投资价值。假如整个行业内普遍出现盈利能力上涨，则是一波行业大行情的预兆。

6. 看周期

经营性周期包括两种类型。第一种是营业性周期，譬如高档酒类行业总在每年第四季度和第一季度收入较高。第二种是账务性周期，譬如一些靠投资收益并表的公司总在第二季度和第四季度反映经营业绩比较好。

7. 看外财

很多上市公司要靠外来的补贴或者投资收益。一些经营质量差的公司，为了保牌和保盈利，尽可能地想办法在外来横财上做文章，有的甚至竭力地钻财务政策的空子，譬如在上一年把不良资产大量计提减值准备，一次亏透，后面年度再将减值准备冲回来，这样就能够扭亏为盈了。如此这般的公司就是一个"黑色陷阱"。

8. 看控盘

控盘从三个方面来分析。一是高度控盘，二是中度控盘，三是缺少关注。高度控盘是投资者比较熟悉的概念。高度控盘按照传统理解就是庄股。最近几年庄股纷纷爆仓，投资者通常是谈庄色变，实际上对高度控盘公司也要区别对待，有基本面支持而且是阳光资金持有的可以长期关注，大波段进行操作。有基本面支持的高度控盘通常也是每轮行情的发动者；中度控盘的公司，通常是行情的第二冲击波；对于缺少关注的公司，必须判断它是否有基本面的支撑。

看控盘必须要关注股东的人数，人均持股的数量，以及基金持股与十大股东的情况。

9. 看负债

负债指的是公司对外的欠款，欠款对象包括银行、供应商。分析企业的负债重点关注两个方面：一是企业负债程度，通常 30%~65% 为比较合理的负债度。二是企业的预收账款变化情况，预收账款就是一种企业负债，未来要用产品或服务归还。相反，若预收账款大幅上涨，表明企业产品销路转好，客户需要预付才能提货，从另一个角度来说明公司经营改善。

必须注意的是，负债投资或者举债发展是一把双刃剑。借鸡生蛋运作得好，事半功倍；相反，极可能风险加倍。

10. 看投资

投资主要分为长期投资与短期投资。看投资应该从投资收益和投资结构两方面着手。主要关注利润构成中投资收益所占比例，以及长期投资、短期投资的构成比例。

第七章　彼得·林奇的建议和忠告

彼得·林奇认为股市的运行是客观存在的，不以投资者的主观意志为转移，投资者唯一能够做到的就是适应股市，弄清股市，之后形成适合自己的操作法则，根据自己的操作法则去做就行了，但不要执着于多空，更不要执着于自己的多空想法，将所有一切都抛开，只留下适合自己的操作法则就行了。彼得·林奇为投资者给出一些建议与忠告。

一、彼得·林奇的建议——如何应对暴跌

1929 年 10 月 29 日这一天里，美国道琼斯指数单日跌幅高达 11.5%。这就是纽约交易所一百多年历史上"最坏的一天"，这更是历史上第一个"黑色星期二"。

1987 年 10 月 19 日，又是 10 月，星期一，道琼斯指数一天之内就暴跌 508.32 点，跌幅高达 22.6%，成了第一次世界大战以来美国股市历史上最大跌幅。大大超过了 1929 年 10 月 28 日那天 11.5%的跌幅。只是这一天内，美国股票市值亏损达到 5000 亿美元，等同于美国当年全年国民生产总值的 1/8。这是一个最黑的"黑色星期一"，一个"华尔街历史上最糟糕的日子"。大多数人由百万富翁沦为赤贫，精神崩溃甚至自杀。

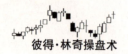

很多美国投资者在暴跌后问道：这是为什么？甚至美国国会事后为这专门成立调查小组。然而到现在无人能够回答出为什么。然而不管为什么，所有投资者在暴跌后都必须面临第二个问题：应该怎么办？最急需解决这个问题的，就是那些管理巨额资金的基金经理们。

1987年美国股市出现大崩盘的时候，彼得·林奇掌握高达100多亿美元的麦哲伦基金，一天之内基金资产净值亏损了18%，亏损高达20亿美元。彼得·林奇是怎么应对的呢？

彼得·林奇与国内几乎所有开放式基金经理一样，唯一一个选择：抛出股票。为了应付非同寻常的巨额基金赎回，彼得·林奇不得不将股票全部卖了。

过了一年之后，他回忆起来依然感到恐惧："那一时刻，我的确不能确定，究竟是到了世界末日，还是我们将要陷入一场严重的经济大萧条，又或是事情并没有变得那么糟糕，仅仅只是华尔街将要完蛋？"

彼得·林奇是管理着巨额资金的基金经理，为了应付巨额赎回，只能抛出股票。那些用自己的钱进行操作的中小投资者该怎么办？彼得·林奇经历过许多次股市大跌，但依然取得了很好的业绩。或许他的三个建议值得我们借鉴：

一是不要恐慌而全部低价抛售。彼得·林奇谈道，"假如你在股市暴跌中绝望地抛出股票，则你的卖出价格通常会很低。尽管1987年10月19日的行情使得你对股市的走势感到惊恐不安，你也不必在这一天甚至也不必在第二天将股票抛出。你可以逐渐减持你的股票投资组合，从而最终能获得比那些由于恐慌全部抛出的投资人更高的投资回报。由于从11月份开始股市就稳步上升。到了1988年6月，市场已经反弹了400多点，也就是说涨幅超过了23%。"

二是对持有的好公司股票必须要有坚定的勇气。"操作股票要赚钱，最重要的是不要被吓跑。这一点如何强调都不过分。"彼得·林奇

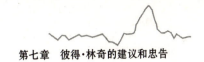

最推崇巴菲特面对股市暴跌时的勇气。巴菲特曾告诫投资者，那些很难做到自己的股票大跌市值亏损50%仍坚决持股不动的投资者，就不要操作股票。

三是敢于趁低购买好公司股票。彼得·林奇认为暴跌就是赚大钱的最佳时机："股价暴跌而被严重低估，才是一个真正的选股者的最好投资机会。股市暴跌时大家纷纷低价抛出，就算我们的投资组合市值可能会亏损30%，这也没什么大不了的。我们不要将这种股市暴跌当作一场灾难，而是要将股市大跌当作是一个趁机低价买入股票的机会。巨大的财富通常就是在这种股市暴跌中才有机会赚到的。"

也许有许多投资者在暴跌后会问另一个问题：是否能预测出股市暴跌？回答该问题，我们首先应该看一看历史事实，是否有人曾经准确预测到股市暴跌？

彼得·林奇发现，在1987年10月美国华尔街股市大跌1000点前，没有任何一个投资专家或者经济学家预测到此次股市暴跌，也无人事前发出警告。有很多人声称自己早已事先预测到这次暴跌，然而如果这些家伙果真预测到的话，他们早就会提前将其股票全部抛出了，那么因为这些人大规模抛出，市场可能早已在几周甚至几个月前就暴跌1000点了。

下面是彼得·林奇的安慰书：股市暴跌的时候怎么安慰自己恐惧的心：

每当股市暴跌，我对将来忧虑的时候，我就会回忆以往历史上发生过40次股市暴跌这一事实，以安抚自己那颗有些恐惧的心，我告知自己，股市暴跌实际上是好事，使得我们又有一次好机会，以极低的价格购买那些很优秀的公司股票。

或许将来还会有更大的股市暴跌，然而既然我根本无法预测什么时候会发生股市暴跌，而且据我所了解，与我一起参加巴伦投资圆桌

会议的其他投资专家们也无法预测，那么为什么幻想我们每个人都能提前做好准备免受暴跌之灾呢？

在之前70多年历史上发生的40次股市暴跌中，尽管其中39次我提前预测到，并且在暴跌前卖掉了所有的股票，我最终也会后悔万分的。即使是跌幅最大的那次股灾，股价最后也涨回来了，而且上涨得更高。

股市下挫没什么好惊讶的，这种事情总是一次又一次发生，犹如明尼苏达州的寒冬一次又一次来临那样，只不过是极其平常的事情而已。假如你生活在气候寒冷的地带，你早已习以为常，事先早已预计到会有气温下降到能结冰的时候，则当室外温度降到低于零度时，你一定不会恐慌地认为下一个冰河时代将要来临了。而你会穿上皮大衣，在人行道上撒些盐，防止结冰，就一切搞定了，你会如此安慰自己——冬天到来了，夏天还会远吗？到那时天气又会暖和起来的！

成功的选股者与股市下挫的关系，如同明尼苏达州的居民和寒冷天气的关系似的。你懂得股市暴跌总会发生，也为安然度过股市暴跌事前做好了准备。假如你看好的股票随其他股票一起暴跌了，你就会快速抓住机会趁低更多地买进。

1987年股市大跌以后，道琼斯指数曾经一天之内下挫了508点，那些投资专家们异口同声地预测股市将要崩溃了，然而事后证明，虽然道琼斯指数大跌1000点之多（从8月份指数最高点计算跌幅达到了33%），也没有像大家预料的那样股市末日来临。这仅仅是一次正常的股市调整而已，虽然调整幅度很大，然而也只不过是20世纪13次跌幅超过33%的股市调整中的最近一次而已。

从此以后，尽管又发生过一次跌幅超过10%的股市暴跌，也只是历史上第41次而已，也就是说，尽管这次是一次跌幅超过33%的股市暴跌，也只是历史上第14次而已，没有什么好大惊小怪的。我

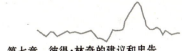

通常提醒投资者，这种股市回调不可避免，总会发生的，千万不要恐慌。

二、远景型公司不能为你创造回报

彼得·林奇认为投资者应该回避远景型公司。他是这样讲的：

每一次你听到有人向你推荐股票，他们推荐的股票让人非常兴奋，以至于他们在电话中与你交谈的声音非常轻柔。我不明白这是由于他们担心隔壁的邻居听见，还是由于担心 SEC 的监听。也许你以轻柔的腔调打电话，你就不用坐牢或是只需要服一半的刑。

无论如何，他们轻声细语地说，"我给你推荐的这家公司很好、好得不可思议，或是这是一家实力强大的公司等。然而他们漏掉了一些东西。对这些股票有一个非常技术性的术语 NNTE，即短期无利润（Nonear Termearnings）。这些公司没有什么盈利，它们也没有历史记录，它们有的只是一个很好的想法而已。事实上，此想法可能行得通，但是往往行不通。"

必须记住：假如股票从 2 美元上升到 300 美元，你在 8 美元买进同样能够获得很高的回报，甚至在 12 美元买入也行。当他人向你推荐这类远景型公司时，你可以在一年以后跟进，将它们写在纸上，接着放到抽屉里面。一年以后再拿出来看看，三年以后再拿出来看看都可以。考察这些公司三年以后的基本面怎么样再作投资决定。

我曾经购买过 25 家远景型公司，我跟踪了它们 5 年。没有任何一家公司获得突破，我购买了 25 家，无任何一家公司成功。

三、不要将成长与赚钱混为一谈

彼得·林奇认为投资者必须回避高增长、极易进入的行业。他是这样认为的：

　　"高增长行业是一个非常可怕的领域，由于每个人都想进入这个行业。有多少人听说过 Crown Cork and Seal 公司？这是一家了不起的公司。它们制造罐头以及罐头与瓶子的瓶塞。"

　　"在座的全部是有影响力的人。这周有多少董事会将开会决议能否进入罐头行业？去年有多少？以前 7 年呢？以前 20 年呢？"

　　"这家公司的股价上涨到最初的 50 倍。它永远保持着技术上的领先。它是行业的领头羊。他们没有将公司的名称改为像 Crocosco 这样的首字母组合词。"

　　"罐头是一个没有增长的行业。山姆·沃顿所处的零售也是一个没有增长的行业。这非常好——你要找的则是一个没有增长行业中的成长型公司。由于无人想进入这个行业，然而 Winchester 光盘驱动公司的情况就不同了，每个人都想进入其所在的行业。"

　　"20 世纪 50 年代的地毯行业好得令人惊讶。计算机行业最迅速的增长时代也是 20 世纪 50 年代。当时，地毯行业的增长率比计算机还要快。"

　　"我记不清楚了，在 20 世纪 30~40 年代，地毡的售价似乎是 20 美元或是 25 美元一码。所有有钱人家里铺的均是地毡，其他人均是地板。"

　　"后来有人发明了一个特殊的制作流程。地毯与地毡的价格下降到 2 美元/码。地毯遍布各个地方，办公室、公寓、机场、学校以及住房等。大家先铺一层胶合板，接着在上面铺上地毯。"

　　"目前，地毯早已过时了，最好的则是铺木板。大家的口味就是这么反复。然而在 20 世纪 50 年代地毯行业经历了巨大的增长。不幸运的是，地毯生产商从 20 世纪 50 年代开始时的 4 家增加至后期的 195 家。结果无任何一家公司赚到钱。因为行业的增长，它们全都亏损了。所以不要把增长与赚钱混为一谈。事实上，增长往往造成亏损。"

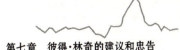

"目前市场对生物工程类公司的热情令人惊奇。大多数这类公司都有 102 位博士和 102 台显微镜。大家像疯了一样购买它们的股票。而让我赚钱的是唐恩甜甜圈。我不用担心韩国的进口和货币供应量数据。当你持有唐恩甜甜圈时，你不必担心这些事情。"

四、必须要考察资产负债表

彼得·林奇认为必须要考察资产负债表，这极其重要。他是这样论述的：

"假如你接受了五年级的数学教育，那么这就足够投资用了。我的数学成绩不错，数学是我的强项——直到数学中出现微积分以前。我在数学方面确实很好，还记得一道数学题吗，两辆火车一辆从圣路易斯出发，另外一辆从达拉斯出发，用多长时间两辆火车相遇。我非常喜欢这类问题。"

"然而突然之间，数学中出现了二次方程式与微积分。还记得吗，微积分的意思是曲线下面的面积。历史上是否有人能理解这一点？他们不断地说微积分就是曲线下面的面积。我永远很难理解曲线下面究竟是什么鬼东西。"

"当然股市的好处在于你不必与任何这类事情打交道。假如你学过五年级的数学，你可以在股市上做得非常好。股市上用到的数学很简单。"

"你不需要运用计算机。人们说计算机时代搞坏了股市。我的意思是若计算机能算出该买入哪只股票不该买入哪只，则你要做的就是花点时间在 Cray 计算机上就可以了。"

"而你必须要考察资产负债表。我持有的并且使我从中赚到钱的几乎每一家公司都有很好的财务状况。只需要 15 秒就可以看出一家公司的财务状况怎么样。你看一看资产负债表的左边，你再看一看右边。

右边一团糟，左边非常可疑。不用太多时间你就了解这家公司不值得投资。假如你看不到任何债务，你明白这家公司十分令人满意。"

"当我刚踏入这个行业时，不能获得季度资产负债表。现在，你能够获得每个季度的资产负债表。以前，上市公司不会列示债务的到期时间，如今它们必须列示所有债务的到期时间。你可以从中了解公司欠银行的钱有多少。"

"我估计现场应当有几个银行家。30 年的钱与 30 年期的银行贷款之间差别非常大。你了解银行是什么样的。他们只会锦上添花，当你经营得非常好的时候，他们请你吃饭，愿意为你提供很多的贷款，然而一旦你持续几个季度绩效惨淡，他们便想收回贷款，从来不会雪中送炭。"

"而你能够阅读资产负债表。你能够考察一家公司，看它是不是有债务。或是你发现公司真的有 3000 万美元的债务，而这些债务要 30 年之后才会到期。"

"当我幸运地购买克莱斯勒公司股票时，当时该企业有 10 亿美元现金，而且没有三年之内到期的债务。他们实现了盈亏平衡，现金流为正。所以，即使对周期性公司来说，用一分钟考察资产负债表也是值得的。"

"有一种现象让我感到非常惊诧，人们在最后购买电冰箱以前会先对比 10 台电冰箱。他们会在《消费者报道》中查看到不同电冰箱的测评。他们会逛 15 家商店。但不明白是什么原因，他们对股市感到这么神秘，他们没有认识到听从一个的士司机的小道消息而在某只生物工程公司的股票上面投入 1 万美元一点儿赚钱的机会都没有。"

"最坏的情况是股价在他们购买以后上涨了 30%，他们又增加 2 万美元的投入；最好的情况是股价在接下来三个月中下挫 30%。"

"此情况非常让人吃惊了。当大家投资股票赔钱的时候，他们就会

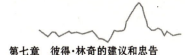

埋怨程式交易 (Programtrading)，他们会将责任归咎于机构：‘就是这些该死的机构让我赔钱的。’假如你买一台电冰箱，后来发现购买的是一台次品，你会说，‘我的确是个笨蛋。我本应该做更多研究，我购买的那台电冰箱质量不合格。’”

“两天后这些人前往夏威夷时为了节省 98 美元而用了一个半小时购买往返机票。人们对待这些事情格外小心，然而一到股票上面，他们就太不小心了。”

“就像你研究微波炉一样研究你要买入的股票。此投资方法将给你带来更好的股市投资回报。”

五、你只能在事后了解到哪只股票是伟大的

彼得·林奇认为“伟大的股票永远是意外。这是毫无疑问的。假如有谁在买入沃尔玛股票时就知道它可以赚 500 倍，我觉得他是外星人。你永远不可能在事前了解到谁是伟大的公司。”

彼得·林奇有如此的体会：

“你购买一家好公司，回顾这只股票以往 8 年、10 年甚至 12 年的表现，你说，‘天啊，看一看我赚了多少钱。’然而你永远无法知道将来你将赚多少，或者亏损多少。你只能在事后了解到盈亏。”

“这与房子一样。大多数人在 20 世纪 60 年代买房。卡洛琳与我就在当时以 4 万美元的价格购买了一套房子。后来房价上涨了许多。我们购买时，无人告诉我们将赚许多钱。回想 20 世纪 60 年代，无人说：‘买一套房子吧，买房是非常好的投资，你将赚许多钱。’你看，15 年过去了，房价上升了一大截。这纯粹是一个意外。”

“可是过去四五年以来，大家大量购置房产——他们的第二套住房，他们觉得他们将从中发大财。此方式已经行不通。”

“股票也是如此。我购买了麻省的一个零售公司 Stop&Shop。当我

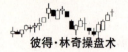

购买的时候，其股息收益率是 7%，股票的表现一般，我当时觉得我可能会赚 30%。"

"4 个月之后，在我作出了更多的研究以后，我发现该公司在收购了 Bradlees 之后的表现很好。在现在这个时点上，沃尔玛依然不是 Bradlees 的对手。Bradlees 开始进入沃尔玛的市场。不过整个东北市场均是它们的。Bradlees 是一家折扣仓储商店，目前做得很好。它们转变了 Stop&Shop 的经营方式，推出了超级 Stop&Shop。它们做得很好，股价在 11 年的时间内上升到原先的 15 倍。"

"对我而言这完全是一个意外。不过公司接连变得越来越好，我也一直持有。"

六、个人投资者具有巨大的优势

彼得·林奇认为"在股票操作方面，个人投资者绝对具有难以置信的优势"。他是这样阐述的：

"有的个人投资者在化工行业就业，有的则在造纸行业工作。他们将比我提前 9 个月得知化工行业的景气状况变化。他们能够率先了解氯出现了短缺，他们可以最先了解腐蚀剂缺货，他们能够第一时间了解到库存销售完毕，然而他们却去买入生物工程类股票。"

"他们也懂得修建一座氯气工厂需要 5~6 年。现在在美国，获得一张保龄球馆的环保批准都非常困难，更不必说有着腐蚀性的氯气工厂了。人们能得到他们所处行业的许多信息。"

"我非常喜欢举的一个例子是史克必成。这是一家规模相对比较小的医药公司，是它发明了治疗溃疡的药 Tegamet。在当时，治疗溃疡没有其他方法只有手术。"

"对一家公司来说，类似 Tegamet 这种药很好。一种不好的药是你喝了以后病就好了，之后你说声谢谢，并付 4 美元的诊断费就行了。

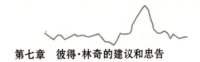

然而你不得不持续服用 Tegamet，不然的话溃疡便会复发。"

"这家公司的股价上升到原先的 15 倍。在他们买入必成器具以前叫史克。"

"你不必在 Tegamet 还在做临床测试时买入这家公司，你甚至不必在它刚上市时买入。不过，当你的亲戚朋友使用了这种药发现对溃疡的治疗效果很好的时候，那时你应当买入。考虑一下所有的医生都开这种药，所有的药剂师都配这种药就明白这笔投资有多好。"

"在座有多少人曾经从医生那里获得关于医药公司股票的提示？有多少人从医生那里获得石油或者电子公司的提示？"

"我曾从假日旅馆公司的副董事长那里得到过一个很好的提示。大概 12 年或 13 年以前，他告诉我得州有一家叫作 LaQuinta 的汽车旅馆公司。他说，'他们打败了我们，他们的产品非常好，他们的经营范围已超出了圣安东尼奥，他们做得相当好。'结果证明这真的是一只非常好的股票。"

"每隔几年你只需要操作几只你拥有丰富信息的股票就能够获得很好的回报。你只需要专注某个领域，购买你了解的本地公司就行了。"

"在麻省威尔伯雷市有一名消防员，他对股市了解得不多。然而他有一个很好的理论。他发现他们镇上有两家公司持续扩大工厂，因而他每年在这两家公司的股票上面投入 1000 美元，接连投了 5 年，结果他成了一名百万富翁。"

"他从来不读《华尔街日报》，也不看《巴伦周刊》，甚至没有 Cray 计算机。他只是看到公司在持续成长，于是判断公司的情况一定很不错。他们是了不起的本地公司。"

"个人投资者具有一些优势，我非常想强调这一点。个人投资者通常觉得他们是业余篮球队员，却要跟洛杉矶湖人队对决，所以没有任何希望获胜。实际上这是完全错误的。个人投资者具有许多特定的

优势。"

"我明白你们听说过通常被人引用的矛盾说法'大虾'（Jum-boshrimp）。此矛盾说法我一直非常喜欢。因为我曾经在军队服役两年，所以另外一个我喜欢的矛盾说法是'军事情报'（militaryintelligence）。"

"当然'专业投资者'这个说法也是矛盾说法中的精品。专业投资者具有所有那些偏见，他们只购买大盘股，或者只购买有着多年历史的公司，他们不会看有工会的公司。我曾经持有过有工会的公司的股票，它们为我带来丰厚的回报。他们也不会买没有增长行业的股票，我们却在该行业得到了很好的回报。我曾经购买过破产公司的股票，我还购买过将要破产的公司的股票。这些投资并不快乐。你可能不相信专业投资者的偏见，有的人不会购买以 Y 开头的公司的股票等。"

"此外，专业投资者还有一个最重要的规则。如果你是一名专业投资者，假如你在市场公认的蓝筹股上赔钱，你就会没事，然而若你在其他股票上面赔钱，你就会遭遇麻烦。譬如如果你在 IBM 上面的投资赔了钱，许多人都会说，'IBM 出了什么问题？'然而若你在 TacoBell或是 LaQuinta 汽车旅馆上面赔钱了，他们就会说，'你出了什么问题？'你在后者这样的公司上面亏钱，他们会将你扫地出门。然而你却可以在 IBM、明尼苏达矿业公司或者柯达公司上面无限亏损都没事。"

七、永远有一些事令人担忧

彼得·林奇说，操作股票不要杞人忧天。他这样认为的：

"最后一个必须考虑的因素是永远有一些事让人担忧。你应该问你自己，'我对痛苦的容忍程度有多大？'假如你准备进入股市，你就应该做到能够承受痛苦。永远有一些非常严重的事情让人担忧。"

"我在 20 世纪四五十年代长大，股市在 40 年代的表现很糟糕。大家的确很害怕再次出现萧条。相对较为严肃并且很关切的人就是国家

的领导人，他们认为我们走出大萧条的唯一原因是第二次世界大战。他们觉得这个国家这样不稳定以至于假如再发生一次大萧条，整个社会便会崩溃。"

"最后就是对核战争的恐惧。20世纪50年代大家像疯了一样修建防核尘地下室、囤积罐头食品。他们修建了大量的防核尘地下室。"

"20世纪50年代大家不愿意购买股票，由于他们担忧核战争，担忧萧条再次出现。20世纪50年代不是那么辉煌的年代，然而道琼斯指数仍然上涨至原先的3倍。普通的股票也上升至原先的3倍，尽管这个时期人们担忧很多大问题。"

"十几年以前，我很清楚地记得石油价格从4美元/桶、5美元/桶飚升到30美元/桶。大多数人都预言说石油将上涨到100美元/桶，这样的话世界将会遭遇萧条，全球都即将崩溃。"

"3年之后，石油的价格下挫至12美元/桶。那时大家又说石油价格将下挫到2美元/桶，我们将遇上萧条。我并没开玩笑，这是同样一批人说的。大家担忧石油价格下降将造成与石油相关的贷款出现大规模违约。"

"再后来大家担忧的是货币供应量的增长情况。你们还记得吗？货币供应量的数据往往在周四下午公布。我们大家都等着看最新的数据。无人了解这些数据是什么意思。然而他们会说M3增速平缓、M2增速下跌等。每个人都对货币供应量的增长忧心忡忡。"

"然而这与Melville公司毫无关系，Melville公司的盈利接连42年保持上升，HJHeinz的盈利持续58年上升，BristolMeyers的盈利接连上升了36年而且没有债务。你认为这些公司在乎货币供应量吗？大家是在杞人忧天。"

"目前大家开始担忧臭氧层和气候变暖。假如这是阻止你买入好公司的理由，则你就有麻烦了。事实上，假如你看星期天的报纸，里面

的新闻这样消沉使得你极可能周一都不想去上班了。"

"你必须听我的——这是一个伟大的国家。在以往 10 年中我们新增了 2500 万份工作，虽然大公司裁减了 100 万份工作。第二次世界大战以后我们经历了 8 次衰退。此后我们还将遭遇衰退。在以往 70 年里股市下挫幅度超过 10%的次数共有 40 次。我们还将经历更多下挫。"

"然而若你将一直为这些事情担心，则你应当将你的钱存在银行或者货币市场账户。"

彼得·林奇总结道：投资的确很简单。"所以你需要找到一些你掌握许多信息并且能理解的公司，接着与这些公司绑在一起就可以了。就是这样，投资就是这么容易。"

八、股市非常危险的十大说法

彼得·林奇说："我以为在股市赚钱关系重大的几个要点。"他认为股市的运行是客观存在的，不以投资者的主观意志为转移，投资者唯一能够做到的就是适应股市，弄清股市，之后形成适合自己的操作法则，根据自己的操作法则去做就行了，但不要执着于多空，更不要执着于自己的多空想法，将所有一切都抛开，只留下适合自己的操作法则就行了。下面是彼得·林奇所总结的股票市场常见的十大非常危险的说法：

第一大危险的说法，既然股价已经下挫了这么多，它还能下挫多少呢？

"几乎在我刚开始为富达工作时，就非常喜欢凯泽工业这只股票。那时凯泽的股价从 25 美元下跌到 13 美元。那时我就运用了第一种危险的说法这条规则。我们购买了美国证券交易历史上规模最大的一宗交易。我们要么购买 1250 万股要么购买 1450 万股，买入价为 11.125 美元，比市场价格要低 1.5 美元。我说，'我们在这只股票上面做的投

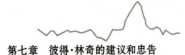

资多好啊！它已经下挫到 13 美元。从 25 美元下跌到这个水平，不可能降得更低了。目前为 11.125 美元。'"

"当凯泽的股价下挫至 9 美元时，我就告诉我母亲，'快点买，既然股价已经下滑了这么多，它不可能下跌到更低。'很幸运的是，我母亲没有听取我的建议，之后股价接连 3 个月下跌到 4 美元。"

"凯泽公司无负债，持有凯泽钢铁 50%的股份、凯泽铝业 40%的股份，凯泽水泥、凯泽机械和凯泽广播 30%的股份——这个公司一共持有 19 家子公司。在这个时点，因为股价下跌到 4 美元，1 亿美元能够将整个公司买下来。"

"回想那个时候，一架波音 747 飞机的售价才为 2400 万美元。现在，我想这么多钱你连波音 747 的一个厕所都买不了，也许可以买一个引擎。当然，那时凯泽工业公司的市值能够买下 4 架波音 747 飞机。该公司无负债，我不担忧它会破产。然而我买入过早了，我们不能购买更多股份，由于我们已经达到了上限。"

"最后在 4 年以后，他们清算了他们持有的所有头寸，结果这只股票成了一个很好的投资，最终每股的价值为 35 美元或 40 美元。然而，只是由于一只股票的价格已经下跌许多而买入不是一个好的投资思路。"

第二大危险的说法，股价还可以上升多少？

"第二大危险的说法与前面那个正好相反，这与沃尔玛的故事非常相似，'既然股价已经上升了这么多了，它怎么可能还会上升得更高？'"

"我列举这样一个公司，你可能认为其并非成长型公司。1950 年，菲利普·莫里斯公司的股价为 75 美分。11 年以后的 1961 年，股价上升到 2.5 美元——上升了 3 倍。你很可能会说，对于一个处于衰退行业的公司——该公司的产品非常糟糕并且没有前景来说，这么大的涨

幅已经太多了。它还能够上升到多高呢？它已经上升到 2.5 美元了。所以你可能会在 1961 年将它卖掉。"

"11 年以后的 1972 年，该公司的股价上涨到 28 美元。从你在 1961 年获得了 3 倍利润卖出以后又上升了 11 倍。1972 年你很可能会对自己说，既然股价已经上升了这么高，它还能够升到多高呢？接着你在股价上升了 11 倍之后卖出，在上升了 3 倍以后又上升了 5 倍，你错失了获得 7 倍利润的机会。"

"所以我要说的是，不要卷入对股票表现的技术分析。股票评论员会运用所有这些术语、形容词与开场白。假如一只股票的价格上升，他们接连地添加新的称谓。他们会说股价过于膨胀，接着是太高了，与内在价值严重不符合，或是股价超级膨胀。他们把握了所有描绘股票被过高定价的术语。"

"假如你喜欢这家公司，这不应当对你造成干扰。你应当对自己说，我青睐这只售价 30 美元的股票。不过你永远很难摆脱股票评论员的评论。然而你不得不摆脱这些评论。因为你是对的，你应当说，'我青睐这只售价 30 美元的股票。这些评论员是不对的。"

"当然，当这只股票的价格上升到 50 美元时，评论员的话可能会浮现在你的脑海里。你很可能会说，'等一等，在股价为 30 美元时，这些人就非常确定股价被高估了。如今股价已经升到 50 美元了，他们一定是正确的。'"

"所以你确实需要把这些评论屏蔽起来免遭它们的影响。我曾在斯巴鲁上升至原先的 20 倍以后买入。我非常幸运，由于买入之后赚了 7 倍。我也购买过股价从 20 美元下挫到 12 美元的股票。我购买过许多这种类型的股票。目前，你不能以 5 美元购买一盒 HersheyBar 巧克力了——它们 5 分钱一块。"

"所以，股票的历史表现与未来表现没有很大的关系。公司的绩效

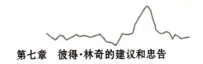

才与将来表现有关。"

第三大危险的说法，我能够亏损多少？股价仅仅有 3 美元。

"第三大危险的说法非常重要，我永远都能听到该说法：'股价是 3 美元。我能亏损多少？股价仅仅有 3 美元。'"

"目前我们来做一道算术题，回到我们基本的数学知识。假如你买入两只股票，一只股价是 60 美元，另外一只为 6 美元，你在这两只股票上面分别投入 1 万美元，假如他们的股价全都下挫至零，你亏损的钱完全相同。这非常明显。结果就是如此。大家就是不相信这一点。你们回家以后自己算一算就明白了。"

"大多数人通常说，'天啊，这群笨蛋竟然购买价格为 60 美元的股票，我购买的股票只有 6 美元。我这个投资多好啊。'然而，注意观察那些通过卖空股票赚钱的人，他们不会在股价达到 60 美元或是 70 美元并且依然处于上涨通道的时候卖空这只股票。当股价下挫 75% 以后他们买入 75% 的股票。当股价从 40 美元下挫到 7 美元时，他们绝对相信这个公司已经一文不值了。他们不会在股价 40 美元时卖空这家公司的股票。他们选择在股价下跌的过程中杀进来，在股价下挫至 3 美元时卖空。那么是谁在接盘这些人卖空的股票呢？就是那些说'股价只有 3 美元，还能下挫到哪去'的人。"

第四大危险的说法，最后，跌去的部分都将会反弹回来。

"以 RCA 公司作为例子。它曾经是一家很成功的公司。RCA 的股价反弹回 1929 年的价位花了 55 年。能够看出，那时它过高定价的程度有多高。因此抱牢一只股票并且认为它终将反弹至某个价位的想法完全行不通。JohnsManville 公司、双排钮针织服装公司、软盘公司、移动房屋公司——Winchester 光盘驱动公司，应当记住这些公司，其股价跌下去以后就永远没有反弹回去。不要等着这些公司的股价反弹。"

第五大危险的说法，情况坏得不能再坏了，我应当购买。

"只是由于公司的情况很惨淡而买入它的股票。当情况坏得不能再坏的时候就是买入的时候（是非常危险的）。1979 年，美国总共有 96000 节铁路货运车厢。到 1981 年为此，这个数字缩减到 45000 节。这是 17 年当中的低谷。你对自己说，'铁路货运车厢已从 96000 节下降至 45000 节。这是 17 年中最坏的情形，还能变得有多坏呢？'假如这是你买入的唯一原因，则 1982 年你将发现货运车厢数量从 45000 节缩减至 17000 节，而且在 1983 年又进一步缩减至 5700 节。只是由于某个行业的景气状况正在恶化这个唯一的原因而在这个行业投入大量资金是非常危险的。"

"再举一个石油钻井的例子，1981 年美国总共有 4520 台在岸石油钻井。1984 年这一数量缩减了一半到 2200 台。此时，很多人闯入该行业。人们说是时候购买石油服务行业了，由于钻井数量缩减了一半。两年之后，钻井数量缩减了 70%，仅有 686 台。目前，该数量依然在 1000 台之下。所以只是由于某家公司的状况非常糟糕而买入是不明智的。"

"我见到过处境不好的企业，下一次你称其情况糟糕得让人无法相信，接着你会用可怕、失望或者惨不忍睹等字眼来形容其境况。所以我从纺织行业学到的最好的经验是柏林顿工业公司依然是一家相对较为新的纺织公司，由于它成立于 1908 年，而纺织工业存在了相当长时间。纺织行业经历过惨淡的时期，它们知道那是什么样的。它们见识过衰退的时期。"

"纺织公司与成衣展览公司的人不同。后者是一个相对比较乐观的群体。假如你问他们展览的效果怎么样，他们的答案永远是非常好、美妙绝伦、非常棒了、每个人都非常喜欢等这类字眼。他们永远是欢快的，与软件公司的人非常像。"

"然而纺织行业的人较为平静。他们经历过衰退与艰难的市场行

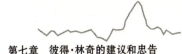

情。纺织行业有一句最好的谚语：'否极泰不来'（it is alwaysdarkest before pitch black）。"

第六大危险的说法，当股价反弹至 10 美元时，我就抛出。

"一旦你说出这句话，股价永远不会反弹到 10 美元——永远不会。"

"这种情况出现了多少次？你选择了一个价格，接着说，'我不太喜欢这只股票，当股价回升至 10 美元时，我就抛出。'这种态度将会使你饱受折磨。股价可能会回升至 9.625 美元，你等一辈子可能都等不到它回升至 10 美元。假如你不喜欢一家公司，无论你当时的买入价是 40 美元还是 4 美元，假如公司成功的因素不在了，假如基本面变弱，则你必须忘记股票过去的价格走势。"

"期望和祈祷股价上升没有任何用处。我曾试着这么做过，是没用的。股票可不懂得是你在持有它。"

第七大危险的说法，保守型股票的波动并不太大。

"ConEd 的股价在 18 个月以内下挫了 80%，接着上升至原先的 6 倍。印第安纳州公共服务公司、湾州市政公司以及长岛照明公司这三家公司每一家都下挫过 75%，接着又出现了大幅上涨。得州一些品质很好的银行——我说的这些银行权益对资产的比率均在 8%~9%——股价下挫了 100%。公司是动态的。它们的发展是由一些力量推动的。你应该清楚这些力量是什么。"

"人生的悲剧是有时候大家会继承股票。他们继承了一只股票，不懂得这只股票是什么，然而他们的母亲告诉他们，'无论你做什么，永远不要出售长岛照明公司的股票。'我说的并非阅读报纸的财经版面。该公司有一个小型工厂叫作 Shoreham，这座工厂的建设已经超过七八年了，而且预算超支了 50 亿~70 亿美元，大家不想要它。"

"然而，大家认为长岛是一个很好的成长市场，长岛照明这家市政

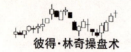

公司具有 10 年辉煌的经营记录，它们在长岛还享有垄断权——你怎么能错过这么好的公司呢？让我告诉你一些情况，假如你母亲阅读报纸的话，她应当就能发现公司存在的一切问题。她应当在 28 美元的价位上抛出，或是在 25 美元或 23 美元。或是应在 4 美元时割肉。她应当了解到这家公司真的有问题。"

"有的人继承了伊士曼柯达公司的股票。不过只是由于他们的父亲或者母亲或者叔叔喜欢这家公司，他们便一直持有。然而若他们的父亲或母亲懂得该公司的增长动力出了什么问题的话，他们可能会做空柯达的股票。"

"公司会发生变化。沃尔玛已经变化了。假如公司不能变得更好，它们便会变得更糟。为了维持增长，麦当劳作出了五件不同的事情。所以你完全不应该理所当然地认为持有保守型股票就能获得好的回报。"

第八大危险的说法，由于没有购买而赔钱。

"第八大危险的说法非常可怕：看看我由于没有买入而赔的钱多多啊。"

"此说法一直困扰着我。必须记住：假如你不持有某只上升的股票，赶快查你的银行账户，你没有亏损一分钱。假如你看到家庭销售网络的股价从 6 美元上升到 60 美元，而且你不持有该公司的股票，你并没有亏损 30 万美元。只有当你持有股票而且股价从 60 美元跌到 6 美元的时候，你才会亏损。"

"为踏空感到烦恼的人多得无法置信，依照我的想象，假如股市一天之内上升了 50 点，有人可能会说，'我刚刚亏损了 280 亿美元。'"

"因此，牢记：假如你没有购买某只股票，可是股价后来涨了上去，你事实上并没有亏损。在美国，亏损的唯一方式就是持有了某只股票，接着股价下挫。此情况我经历了许多次。有一个极其常见也最

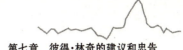

基本的事实是，假如你在一只股票上面投入 1000 美元，除非你疯了去做保证金交易，不然你的全部亏损至多是 1000 美元。"

"在我年轻的时候，我不但运用了保证金，我还将房子作抵押用住房金融贷款炒股。幸运的是，那时候是牛市。不过若你在股市投入 1000 美元，你至多亏损 1000 美元。就是这样，我已经证明了此点。在我管理的基金中，每年破产的投资组合企业超过了 3 家。然而若你买对了公司，你能够赚 1.5 万美元，或是 2 万美元，甚至 7 万美元。一个时段中你只需要买对少数几只股票就行了。你应该让好的公司所赚的钱来弥补那些不好的公司所造成的亏损。"

"股市的赚钱机制令人注目，在股票上面你可以赚的钱比你亏损的钱多许多，然而你应该持有足够长的时间。在一个月或是一年之内是不会发生这种事的。"

"我错失了成百上千的股票。不过你只需要几只股票就能够发财。"

第九大危险的说法，这是下一个伟大的企业。

"第九大危险的说法非常重要。无论什么时候，当你听到'这是下一个……'的时候赶快试着中断你的思维不要听后面的话，由于后面的话将永远是激动人心的。下一个伟大的企业永远都没有成功过。下一个玩具反斗城没有成功，下一个家德宝没有成功，下一个施乐没有成功——施乐自己做得也不是非常好，下一个麦当劳等均失败了。"

"无论什么时候你听到下一个什么什么的时候，不要理会它就可以了。"

第十大危险的说法，股价上升了，我的看法一定是正确的。

"第十大危险的说法，股价上升了，所以我的看法一定是正确的，或者股价下挫了，我的看法一定是错误的。"

"这些电话永远使我觉得惊奇，有人来电说道，'我不久之前刚以 10 美元的价格购买了一只股票，现在它上升至 14 美元。你必须买这

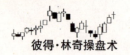

只股票。'他这话是什么意思？他于 10 美元买入的，目前上涨到了 14 美元，我为何必须买呢，就由于股价从 10 美元上升到了 14 美元吗？很明显，大家觉得股价上升的事实意味着他们是对的。"

"这并非意味着他们能够指点别人。这什么都意味不了。我曾在粉单市场上购买了一只股票，股价从 10 美元上升到 14 美元，接下来下跌到 3 美分。我并没开玩笑。我也购买过从 10 美元下挫到 6 美元的股票，后来上升至 60 美元。我可能于 6.125 美元的价位抛出了。"

"你不应担忧股票的走势。我关注到若干年前本活动有一位主题发言人是乔治·布什，想到他我便想起 Zapata 公司，1981 年，其股价是 32 美元并且还在漂亮地上升。这个公司的未来是海上钻探。假如你查看这只股票的走势图，你会说这只股票明显将达到 310 美元。"

"同时，还有另外一家公司 Ethel，它生产的产品名为四乙铅，它们是从石油中提炼辛烷的添加剂。这只股票的价格为 2 美元，而且看起来没有什么前途。"

"现在，Ethel 的股价已经上升到那时的 15 倍。Zapata 的股价下挫了 90%。股价已经上升和股票将来的走势没有任何关系。企业的绩效才与股票的表现相关。"

参考文献

［1］（美）林奇，（美）罗瑟查尔德. 彼得·林奇的成功投资（珍藏版）［M］. 刘建位，徐晓杰译. 北京：机械工业出版社，2010.

［2］（美）林奇，（美）罗瑟查尔德. 彼得·林奇教你理财［M］. 宋三江，罗志芳译. 北京：机械工业出版社，2010.

［3］严行方. 股圣彼得·林奇投资圣经［M］. 北京：中国城市出版社，2008.

［4］丹阳. 彼得·林奇投资案例集［M］. 北京：中国经济出版社，2014.

［5］张荣亮. 像彼得·林奇一样投资［M］. 北京：机械工业出版社，2009.